기후 위기, 체제를 바꾸자

보통 사람들을 위한 기후 운동 가이드

기후 위기, 체제를 바꾸자

보통 사람들을 위한 기후 운동 가이드

장호종 지음

책갈피

차례

일러두기

1. 이 책은 저자의 온라인 강연 대본을 토대로 했다. 저자의 강연은 다음 링크에
   서 볼 수 있다. bit.ly/on-climate-crisis

2. 인명과 지명 등의 외래어는 최대한 외래어 표기법에 맞춰 표기했다.

3. 《 》부호는 책과 잡지를 나타내고, 〈 〉부호는 신문과 주간지를 나타낸다. 논문
   은 " "로 나타냈다.

4. 인용문에서 [ ]는 지은이나 옮긴이가 독자의 이해를 돕거나 문맥을 매끄럽게
   하려고 덧붙인 것이다.

기후 위기, 에너지 위기, 공공요금

요즘은 어딜 가나 기후변화, 혹은 기후 위기 얘기를 합니다. 과학자들의 논문이나 보고서를 보지 않아도 변화를 체감할 수 있기 때문입니다. 계절이 바뀔 때마다 예전과 다르다는 사실이 확연해지고 있는 데다, 각종 기후 재난으로 인한 피해도 눈덩이처럼 커지고 있습니다.

하지만 기후 위기가 어떤 방식으로 우리 삶에 영향을 끼치는지에 관해서는 대부분 여전히 뜬구름 잡는 것 같은 얘기뿐입니다. 기상 현상 자체에 관해서만 얘기하거나 그조차 불완전하게 얘기하기 때문이죠.

기후 위기가 우리 삶에 끼치는 영향을 제대로 이해하고 예측하려면 우리가 사는 사회의 문제를 함께 살펴봐야만 합니다.

2022년 여름 폭우로 서울의 여러 지역이 물에 잠겼고 반지하방에 살던 장애인 가족이 방에서 빠져나오지 못하고 익사하는 안타까운 사고가 벌어졌습니다. 포스코의 제철 공장이 물에 잠겨 가동을 멈췄고, 같은 지역의 한 아파트에서는 침수 경보를 듣고 자동차를 옮기러 주차장에 간 주민들이 익사하는 사고가 벌어졌습니다.

한반도의 여름철에 비가 많이 오는 것은 일상적인 기상 현상일 뿐이지만 이것이 국지성 폭우가 된 데에는 기후변화가 큰 영향을 끼친 것으로 보입니다. 포스코의 공장은 수십 년 만에 처음으로 물에 잠겼는데, 이 공장을 설계한 사람들은 이전 수십 년의 기후 패턴을 바탕으로 적당한 위치에 이 공장을 지었을 것입니다. 이제 포스코는 자신이 배출한 어마어마한 양의 온실가스가 지구에 끼친 파괴적 영향이 부메랑처럼 되돌아오는 처지에 놓인 것입니다.

그러나 비가 많이 왔다고 해서 도심이 물에 잠기는 것은 전혀 필연적인 일이 아닙니다. 기후변화의 속도가 빠르지만 10여 년 전부터 서울의 하수 시스템을 정비해야 한다는 경고는 계속 있었는데 별다른 조처가 없던 것만 봐도 알 수 있죠. 또 경제력이 세계 10위권인 나라의 수도에서 사람이 반지하방에 사는 것은 전혀 자연현상이 아닙니다. 거동이 불편한 장애인이 그런 집에 살고 있는 것도 자연현상과는 아무 관계가 없어요. 일반인도 드나들기 불편한 곳에 살던 장애인 가족은 물이 차오르자 수압 때문에 문을 열 수 없었고 꼼짝없이 갇혀 생을 마감했습니다.

같은 해 세계 곳곳 여러 나라에서 벌어진 일들도 이런 비극이 앞으로 훨씬 거대한 규모로 우리 전부를 위협할 것임을 보여 줬습니다. 2022년 봄 유럽과 서아시아는 기록적인 폭염과 가뭄을 겪었습니다. 영국은 기상 관측이 시작된 이래 처음으로 기온이 40도를 넘었고 템스강이 바닥을 드러냈어요. 독일에서는 라인강이 메말라 운하를 이용하는 수송이 중단됐습니다. 프랑스에서는 강물이 너무 따뜻해져서, 이를 냉각수로 이용하는 핵발전소들이 가동을 멈췄습니다.

유럽의 폭염은 파키스탄과 인도를 덮친 폭염에 견주면 '온화한' 수준이었습니다. 4월에 40도를 넘긴 폭염이 일주일 이상 계속됐고 어떤 지역에서는 기온이 거의 50도로 올랐죠. 수많은 사람이 목숨을 잃었습니다. 그런데 진정한 재난은 그 뒤에 찾아왔습니다. 가뭄으로 바짝 마른 땅에 내린 폭우로 파키스탄 국토의 3분의 1이 물에 잠겨 버렸습니다. 한 달 만에 3000만 명이 이재민이 됐고 1700여 명이 사망했습니다. 살 곳과 식수가 사라진 상황에서 엄청나게 많은 사람들, 특히 아이들이 희생됐습니다.

생존 위기를 느끼는 사람들

급속한 기후 위기는 다른 세계적 재난들과 결합되며 그야말로 지구적 규모의 위협이 되고 있습니다. 2022년 초에 시작된 우크라이나 전쟁으로 에너지 가격이 폭등한 가운데 북반구에 겨울이 찾아오자 수억 명이 생존을 걱정해야 하는 처지가 됐어요. 이 위기의 가장 직접적 계기는 우크라이나 전쟁의 여파로 불거진 가스 공급난이었죠. 그러나 3년 동안 이어진 팬데믹과 그로 말미암은 세계적 공급망 교란, 그 속에서 이윤을 지키려 혈안이 된 기업주들의 가격 인상, 인플레를 잡겠다며 각국 정부가 추진하고 있는 금리 인상 등이 한꺼번에 평범한 사람들의 삶을 덮쳤습니다.

이제 기상 예보에서 '북극 한파'라는 말을 흔히 들을 수 있는데요. 지구의 북반구에 혹한을 몰고 오는 녀석입니다. 북극 한

파는 대기 중 온실가스 농도가 짙어지며 지구 평균기온이 높아지는 가운데 극지방이 지구 전체에서도 가장 극적인 변화를 겪으며 벌어지는 현상입니다. 거대한 빙하가 녹으면서 '알베도 효과'(하얀 얼음이 태양 빛을 반사하는 효과)가 약해지고 더 많은 빛이 검은 바다에 흡수되며 해수 온도가 높아지고 있습니다. 그 결과로 더 많은 빙하가 더 빨리 녹고 있죠. 되먹임, 영어로는 피드백 현상으로 온난화가 가속되고 있는 것입니다. 북극권의 공기가 따뜻해지면서 중위도 지방의 온난한 대기와의 기온차가 줄어들고, 그 사이를 빠르게 흐르며 북극 대기가 남하하지 않도록 막던 제트기류가 느려지고 약해졌습니다. 그 결과 북극 대기가 대거 남하하며 예전에는 상상하지 못한 혹독한 추위가 찾아오고 있는 것입니다. 미국 텍사스에 한파가 찾아와 도시 전체가 마비되거나, 폭설로 여러 도시가 고립되는 일이 잦아지고 있습니다.

기후 위기는 우리가 살고 있는 자본주의 세계의 끔찍한 불평등, 전쟁, 경제 불황, 팬데믹 같은 문제들을 심화시키기도 하고 그로부터 영향을 받기도 하며 위기의 수준을 극적으로 높이고 있습니다. 평범한 사람들의 삶은 그 모든 것의 '폭격'을 맞고 있습니다.

에너지 요금 폭등

2022~2023년 겨울, 한국에서도 수십 년 사이에 가장 길고 추운 겨울이 찾아왔습니다. 이런 와중에 난방비가 크게 올랐어요. 윤석열 정부는 2022년에만 가스 요금을 40퍼센트가량 인상했습니다. 같은 기간에 전기 요금도 20퍼센트나 인상했습니다. 2023년 1~2월 가스 요금 고지서를 받아 든 사람들은 지난 수십 년 동안 본 적 없는 액수를 보고 한숨을 쉬어야 했습니다. 그야말로 '난방비 폭탄'을 맞았죠. 가난한 취약 계층은 난방도 제대로 못 하는 집에서 혹독한 추위를 견디며 겨울이 빨리 끝나기만을 기다려야 했어요.

정부는 한국전력공사와 한국가스공사의 누적 적자가 크다는 이유로 2023년에도 추가로 요금을 인상할 예정입니다. 분기마다 전기 요금을 인상하려 하고, 가스 요금도 1.5~1.9배로 올리려 해요. 2023년 여름과 겨울에 폭염과 혹한이 찾아오면 에너지 요금 부담이 더더욱 커질 판입니다. 정부는 우크라이나 전쟁으로 국제 에너지 가격이 올라 어쩔 수 없다지만 핑계일 뿐입니다. 정부는 에너지 요금을 통제할 능력이 있습니다.

게다가 가스 요금 인상으로 관련 기업들은 막대한 수익을 거두고 주가는 치솟았습니다. 가스 요금 인상으로 한국가스공사는 2022년에 2조 원 가까운 영업이익을 거둔 것으로 추정됩니다. 가스를 가정에 공급하는 기업들인 삼천리·서울가스·대성에너지 등의 주가도 급등했어요.

이런 판국에 정부는 계속해서 전기·가스 요금을 올리려 하니, 분노스러울 수밖에 없습니다. 이 프롤로그를 쓰고 있는 현재, 서울 도심에서는 윤석열 퇴진을 요구하는 집회가 매주 열리고 있습니다. 기후 위기를 악화시킬 정책을 추진하면서 기후 위기의 피해를 당하는 평범한 사람들의 고통을 가중하는 것, 이것도 윤석열이 퇴진해야 하는 또 하나의 이유입니다.

일각에서는 겨울철에 한정해 정부가 난방비를 지원하고 에너지 기업들에 '횡재세'를 부과해 재원을 마련하자는 주장이 제기됩니다. 일리 있는 주장입니다. 그러나 지원금 지급 정책은 일회성 정책에 그치기 쉽고 형평성 논란을 낳을 수 있습니다. 그보다는 가정용 에너지 요금을 인하하는 것이 훨씬 효과적입니다. 굳이 횡재세를 신설하지 않더라도, 정부는 사람들의 생존에 필수적인 공공요금을 통제하기 위해 필요한 조처를 취할 법적·제도적 능력이 있습니다. 기업주들의 이윤과 시장 질서를 지키려고 한사코 그런 일을 하지 않을 뿐이죠.

기후 정의와 공공요금

한편, 난방비 폭탄은 한국의 기후 운동 내에서 논쟁을 불러일으켰습니다. 한 기후 활동가의 냉담한 주장이 계기였습니다. 그 활동가는 어느 라디오 인터뷰에서 "가스 요금 인상의 체감 폭이 큰 이유가 뭔가요?" 하는 진행자의 물음에 다음과 같이 답했습니다. "11월보다 12월이 추워서 가스를 많이 써서 그렇지요." 일종의 충격 효과를 노린 것인지도 모르겠어요. 하지만 난방비 폭탄에 난처해하고 있는 사람들 일부는 이런 태도를 보며 무시당한다고 느꼈을 법합니다.

그 활동가의 주장을 최대한 공정히 요약하자면 다음과 같습니다: 국제 에너지 가격이 폭등하는 상황에서 인기 영합성 요금(혹은 지원) 정책으로 공기업에 과도한 부채를 쌓도록 해서는 안 된다. 또 전기·가스 같은 에너지 이용에 '적절한' 요금을 부과해야 에너지 수요를 '관리'할 수 있고, 그래야만 기후 위기에 대처할 수 있다.

이런 주장은 2019년에 세계적으로 부상한 기후 운동에서 유력했던 정서와는 어긋납니다. 수십 년 동안 계속된 선진국 정부들의 책임 전가와 도저히 기후 위기를 멈출 수 없을 것 같은 꾀죄죄한 '대책'들이 그것도 말로만 무성한 것을 보며 수많은 청년들이 거리 시위에 나섰습니다. 이 청년들은 기존 환경 운동이 대안으로 제시해 온 에너지 절약 운동이나 정부와의 협력 노선을 비판하며 '체제를 바꾸자'고 외쳤습니다.

기후 운동 내에서는 상대적 소수였지만 꾸준히 목소리를 내온 기후 정의 운동이 이들의 듬직한 동맹이 됐습니다. 기후 정의 운동은 기후 위기의 원인과 해법 모두에서 불평등 문제를 지적하며 세계 민중의 관점에서 정의로운 해결책을 요구해 왔습니다. 즉, 정부와 기업주들에게 책임을 물어야 하고 기후 위기의 피해를 직접 겪고 있는 평범한 사람들에게 부담을 전가해서는 안 된다는 것입니다. 세계적 수준에서는 선진국들이 후진국들에 자원을 제공해 온실가스 배출을 줄이면서도 후진국 대중의 삶을 개선할 수 있는 조처들을 도입해야 한다고 요구해 왔습니다.

앞서 소개한 기후 활동가의 주장 중 공기업의 부채가 커지면 안 된다는 주장을 두고는 즉각 반론이 제기됐습니다. '착한 적자'를 문제 삼아서는 안 된다는 것이었죠. 타당한 지적입니다. 공기업 적자를 문제 삼아 평범한 사람들의 삶을 파괴하려 한 신자유주의 정책들은 한국에서도 여러 차례 저항에 부딪혔습니다. 공기업 '적자'를 이유로 정부가 전력·철도·가스 등 공공 부문을 민영화하고 진주의료원 등 공공병원을 폐쇄하려 했을 때 이에 맞선 운동이 내세운 구호가 바로 '착한 적자'였습니다.

왜 가정용 에너지 요금 인하인가?

그러나 개개인의 과도한 에너지 소비가 (아무리 부차적일지라도) 문제이고, 온실가스 배출량을 당장에 조금이라도 줄이려면 개인들의 소비도 줄여야 한다는 생각은 더 많은 사람들이 공유합니다. 스스로 기후 정의 운동가라고 여기는 사람들을 포함해서 말이죠.

하지만 에너지 가격을 올리면 온실가스 배출이 줄어들까요? 주류 경제학의 수요·공급 논리와 달리 지난 반세기 동안 에너지 가격은 온실가스 배출에 큰 영향을 주지 않았다는 명백한 사실을 봐야 합니다. 에너지 가격은 잠깐 내렸다가도 다시 오르기를 반복했지만 온실가스 배출은 시종일관 늘었습니다. 시장이 환경문제를 해결해 줄 것이라는 초기 환경경제학의 가정은 완전히 파산했습니다.

순전히 논리적으로는 화석연료 가격을 인위적으로 한계 상황까지 끌어올리면 사용량이 줄 것이라고 기대할 수 있습니다. 그러나 국가가 화석연료 가격을 극단으로 올리는 것은 자본주의 질서에 근본에서 위배되는 일입니다. 그럴 바에야 화석연료 사용 자체를 금지하는 게 더 손쉬울 뿐 아니라 효과적이겠죠. 프레온가스 사용 금지 조처(몬트리올 의정서)처럼 말이죠. 그러나 프레온가스는 자본주의 경제에서 부차적이고 그래서 강대국들이 나서서 사용을 금지할 수 있었던 물질입니다.

화석연료는 이와 다릅니다. 화석연료는 현 자본주의 강대국들이 가장 많이 의존하는 에너지원이자 상품 소재이고 그래서 '전략 자원'이라고 불립니다. 지난 수십 년 동안 주요 선진국 정부들이 화석연료 사용을 규제하지 않은 이유입니다. 그리고 이들이 대안으로 제시해 온 시장 기반 해결책, 즉 가격 조절을 통한 온실가스 감축 계획은 아무 효과도 내지 못하면서 정부가 뭔가 하는 것처럼 시늉하는 데 이용됐습니다. 이런 현실에 대한 문제의식이자 대안으로 제시된 구호가 바로 '체제를 바꾸자'는 것이었습니다.

그런데 평범한 사람들의 에너지 요금을 인상(하거나 인상을 용인)해야 한다는 주장은 어떤 측면에서 보더라도 체제의 논리에 순응하는 것이지 도전하는 것이 될 수 없습니다. 사실 에너지 가격을 인상하는 데에는 운동 자체가 필요 없습니다.

더 큰 문제는 평범한 청년과 노동자가 기후 운동에 소원해지도록 하는 효과를 낼 것이라는 점입니다.

어떤 활동가들은 정부와 기업에 더 큰 책임이 있다면서도, 평범한 사람들도 자기가 사용한 만큼은 책임져야 한다고 주장합니다. 그러나 정부와 기업, 그리고 평범한 사람들이 기후 위기에 끼치는 영향에는 단지 양적 차이만 있는 것은 아닙니다. 평범한 사람들에게는 에너지원을 결정하는 권한은 고사하고 선택의 여지도 거의 없습니다. 심지어 서울 인구의 절반은 남의 집에 세 들어 삽니다. 화석연료 사용으로 특별한 이익을 얻는 것도 없지요. 그러기는커녕 비용 부담과 대기오염으로 이중의 부담을 지고 있을 뿐입니다. 기업주들만이 화석연료 사용으로 이윤을 얻습니다. 따라서 사용량에 따라 부담을 지도록 하자는 것도 공정하지 않습니다.

'에너지 요금을 인하하면 부유층이 더 이익을 본다'는 주장도 있습니다. 2011년 서울시에서 실시된 무상급식 주민투표에서 나온 반대 의견, 즉 왜 이건희 손자에게까지 무상급식을 주느냐는 반론이 떠오릅니다. 중요한 것은 평범한 사람들의 이익이지 부유층의 손해가 아닙니다. 부유층의 이익을 줄인다고 자동으로 우리 이익이 되는 게 아닙니다. 에너지 요금 정책이나 더 큰 틀에서 복지 정책이 불평등 문제를 근본에서 해결해 줄 수는 없지만, 선별적 복지보다는 보편적 복지의 장점이 큽니다.

에너지 요금 인하보다 주택 단열 개선이 더 시급하고 효과적이라고 주장하는 이도 있습니다. 주택 단열 개선이 필요한 것은 사실입니다. 그렇지만 요금 인하나 난방비 지원을 반대하는 근거가 될 수는 없어요. 단기적인 고통 완화 조처와 장기적인 화석연료 감축 조처가 모두 필요합니다.

가정용 에너지는 필수재입니다. 정부가 가장 저렴한 가격으로 사람들에게 공급해야 합니다. 특히 지금은 물가 인상과 금리 인상으로 대중의 곤란이 커지고 있습니다. 공공요금 인상에 단호히 반대해야 합니다.

개인들의 소비에 초점을 맞춰선 안 된다

전기·가스 요금 인상처럼 개개인 소비 절약을 강조하는 정책들은 실제로는 온실가스 배출을 줄이지 못하고 수많은 사람들에게 고통만 떠안깁니다. 사후 지원 대책은 다른 복지제도들처럼 대개 제대로 작동하지 않고, 불필요한 형평성 논란만 불러일으킵니다.

평범한 개인들의 에너지 소비를 문제 삼는 주장은 또 다른 문제를 낳습니다. '한겨울에 반팔 입고 지내는 몰지각한 사람들이 있다'는 일부 기후 활동가들의 도덕주의적 주장이 그 문제를 잘 보여 줍니다. 도대체 얼마나 많은 사람들이 그렇게 지내고, 또 그렇게 해서 늘어난 온실가스 배출량은 얼마나 많다는 걸까요? 개인들의 소비를 탓하는 것은 기후 운동의 일부가 돼야 할 평범한 사람들을 별 근거도 없이 불신하도록 만드는 역효과만 냅니다.

또 기후 위기의 진정한 원인, 즉 자본주의적 '생산'에서 평범한 사람들의 '소비'로 주의를 돌리는 효과를 냅니다. 그러나 지난 수십 년 동안 이런 가정에 기초해 벌어진 절약 운동은 환경 파괴를 막는 데에서 아무런 구실도 하지 못했습니다. 개인의 소비를 탓하는 이미지가 여러 '공익' 광고에도 등장하는 것은 그것이 정부와 기업주들 입장에서는 자신의 책임을 가리는 데에 참 편리한 변명이 되기 때문입니다.

가정용 에너지 소비를 두 부분으로 나눠 보자는 의견도 있어요. 즉, 가정용 에너지 소비 중에서 필수적인 부분은 정부가 저렴하게 공급해야 하고, 낭비적인 부분은 개개인이 소비한 만큼 책임을 져야 한다고 말입니다. 그러나 가정용 에너지 소비 중 얼마만큼이 필수적 소비이고 얼마만큼이 낭비적 소비인지 판단하는 것은 사실상 불가능합니다. 정부와 기업주들은 (임금 인상을 억제하고 복지 지출을 삭감하려고) 개별 가구의 지출 중에서 필수적 부분과 낭비적 부분을 구별하려 애써 왔지만, 모두 평범한 사람들을 괴롭히는 것으로 끝났을 뿐입니다.

사실 그런 구분 자체가 꼭 필요한 것도 아닙니다. 심지어 어지간한 고소득층도 에너지 비용 지출을 아끼려 합니다. 저소득층도 필수적 소비를 줄이기 어렵고요. 그래서 가정용 에너지 소비에 관한 통계들을 보면 소득 차이가 대여섯 배 나는 가구들의 에너지 비용 지출 차이는 두 배도 되지 않습니다.

무엇보다 전체 온실가스 배출에서 가정용 연료 사용이 차지하는 비중은 5퍼센트 남짓밖에 되지 않습니다(아래 그림 참고). 그 5퍼센트조차 난방을 전기화하고 이를 위한 재생에너지 설비를 늘리는 것이 개인들에게 절약을 요구하거나 비용 부담을 떠넘기는 것보다 훨씬 효과적입니다.

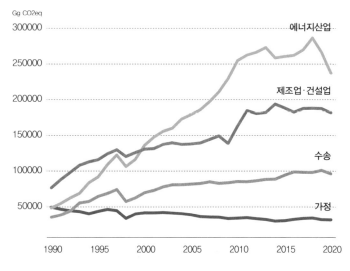

그림. 연료 연소로 인한 온실가스 배출량 비교

출처: 환경부 온실가스종합정보센터

연료 연소로 배출되는 온실가스 중에서 가정이 차지하는 비중은 전체의 5퍼센트가량이고, 그나마도 지난 30년 동안 감소해 왔다. 도시가스 보급이 큰 영향을 줬을 것으로 보인다. 이는 각 가정의 에너지 소비를 문제 삼는 일각의 주장이 옳지 않음을 보여 준다. 다른 부문의 온실가스 배출 감축 노력도 에너지원 자체를 바꾸는 것으로 이뤄야 한다.

기후변화가 아니라 체제 변화

기후 위기를 멈추고자 하는 사람들은 평범한 사람들의 실내복이 아니라, 정부와 기업, 국가와 체제의 문제에 더 관심을 기울여야 합니다. 그럴 때에만 기후 위기를 정의롭게 해결할 방법을 찾을 수 있습니다.

불평등 완화와 기후 위기 해결은 대립되는 과제가 아닙니다. 불평등과 기후 위기 둘 다의 원인이 자본주의 체제이기 때문입니다. 강박적 이윤 축적 경쟁이라는 자본주의 체제의 핵심 원리 때문에, 기업주들과 권력자들은 한편으로는 화석연료를 포기하지 않습니다. 다른 한편으로는 노동자를 더 쥐어짜고 계속해서 찾아오는 경제 불황의 고통을 노동자와 서민층에 떠넘기며 불평등을 키웁니다.

기후 위기를 해결하기 위한 진정한 대안은 자본주의 체제에 도전할 힘을 결집하는 데에 있을 것입니다. 불평등에 맞선 다양한 운동들과 기후 운동이 단결하면 문제의 진정한 원인, 자본주의 체제와 그 수호자들에게 도전할 수 있습니다. '기후변화가 아니라 체제 변화'라는 구호에 담긴 정신은 바로 이것이라고 생각합니다.

전쟁과 기후 위기, 팬데믹과 경제 위기라는 복합 위기의 시대에 문제의 원인을 이해하고 대안을 찾고자 하는 사람들에게 이 책이 도움이 되길 바랍니다.

감사의 말

이 책은 2022년 3월부터 9월까지 유튜브 노동자연대TV 채널이 연재한 '기후 위기! 체제를 바꾸자' 시리즈 영상 10부작을 글로 옮긴 것입니다.

김하영 노동자연대TV 책임 피디가 이 시리즈 영상의 기획부터 촬영, 제작, 홍보에 이르기까지 전체 과정을 총괄했습니다. 그는 10개의 주제와 대본 초안을 꼼꼼히 검토해 의견을 줬습니다. 각각의 주제가 만만치 않은 내용을 다루는데도 10분 남짓한 길이에 알차게 담을 수 있었던 데에는 그의 도움이 결정적이었습니다. 물론 내용에 오류가 있다면 그것은 온전히 필자의 책임입니다.

시리즈 영상을 편집한 김지혜, 나유정 씨에게 감사합니다. 두 분은 아주 많은 자료 화면을 보기 좋게 만들어 영상에 넣어 줬습니다. 어디 내놔도 손색이 없을 만큼 양질이라서 약간만 손을 봐서 책에도 싣게 됐습니다. 처음 도전하는 시리즈 영상 제작이다 보니 각종 준비가 충분치 않은 상황이었는데, 두 분이 영상 편집 외에도 촬영과 음향, 분장과 소품, 의상에 이르기까지 다양한 역할을 기꺼이 맡아 줘 좋은 결과물을 낼 수 있었습니다.

안형우 씨는 이 시리즈 영상 제작에서 영상 촬영과 기술적 지원·교육을 맡아 줬습니다. 영상 촬영과 제자에 필요한 기조 교육을 해 주고 촬영을 도와주기도 한 이장하 씨에게도 감사합니다.

연세대학교에서 대기과학과 박사학위를 받은 김종환 씨는 대본 내용을 꼼꼼히 검토해 일부 오류를 바로잡고 피드백 많이 줘서 큰 도움이 됐습니다. 대학교 동아리에서 기후 위기 세미나를 하고 있는 김태양 씨도 대본 작성과 촬영 일부에 도움을 주셨습니다.

영상 업로드와 홍보에 도움을 준 노동자연대TV 관계자 모두에게도 감사의 말을 전합니다.

영상에 의견과 질문을 보내고 격려와 응원뿐 아니라 영상 제작을 위해 후원을 해 준 시청자들께도 감사합니다. 여러 방송에서 제작진이 연신 시청자에게 감사하다고 말할 때마다 별 감흥 없이 들었는데, 이제 감사의 의미를 충분히 이해하게 됐습니다. 영상에 달린 댓글, 강연과 독서 모임 등에서 나온 의견과 질문 가운데 일부는 '기후 톡톡'이라는 이름으로 이 책에 실었습니다. 친구와 동료와 대화할 때 유용하게 쓰이기를 바랍니다.

마지막으로 영상을 책으로 옮겨 준 책갈피 출판사와 차승일 편집자에게 감사합니다. 차승일 편집자는 영상 대본뿐 아니라 영상 업로드 이후에 시청자들과 주고받은 질의 응답, 각종 강연과 독서 모임에서 나온 질문과 의견도 꼼꼼히 수집하고 분류해 책에 보기 좋게 실어 줬습니다. 영상의 장점을 최대한 책에 담고 독자들의 이해를 돕기 위해 비용과 노력이 몇 배나 더 드는 컬러로 인쇄해 주신 것에도 특히 감사합니다.

이 책의 구성

첫 주제는 기후 정의입니다. 기후 정의는 오늘날 기후 운동에서 광범한 지지를 받는 주장입니다. 기후 위기를 멈추려면 그 해법이 정의로워야 한다는 얘기인데요. 이런 주장이 왜 제기되는지, 진정으로 정의로운 해법은 무엇인지 1장에서 살펴봅니다.

2장에서는 화석연료 문제를 다룹니다. 기후변화를 낳는 온실가스는 화석연료를 태우는 과정에서 주로 배출됩니다. 그런데 화석연료는 자본주의 사회가 작동하는 데 필수적인 에너지원입니다. 전기 생산부터 물류 운반, 난방, 플라스틱을 만드는 데 이르기까지 사실상 사회 전체가 화석연료 위에 세워져 있다고 해도 과언이 아니죠.

왜 이렇게 됐을까요? 화석연료 사용은 점점 더 많은 에너지를 소비하는 인류 전체의 책임일까요? 화석연료 사용의 역사를 돌아보면서 진정한 책임이 누구에게 있는지, 화석연료 사용을 멈추려면 왜 자본주의 체제 자체에 도전해야 하는지 살펴봅니다.

3장에서는 기후 위기가 이 지경에 이르도록 주요 선진국 정부들은 도대체 뭘 했는지 살펴봅니다. 주요 선진국 정부들은 기후변화의 위험이 현실이고 대처가 시급하다는 사실을 적어도 1988년 무렵에는 확실히 인식했지만, 그 뒤로도 기후 위기는 더 악화됐습니다. 기후 문제를 해결하겠다며 '기후변화 협약 당사국 총회'를 27차례나 열었는데 말입니다. 왜일까요? 30년 넘도록 주요 선진국 정부들이 추진해 온 정책들은 무엇이었고, 왜 모조리 실패했는지, 그것이 함의하는 바가 무엇인지 살펴봅니다.

4장에서는 주요 선진국 정부들이 기후 위기 해결책으로 제시하는 '신기술'들을 살펴봅니다. 빌 게이츠 같은 억만장자들도 이런 해법을 지지하며 신기술들을 소개하고 있는데요. 과연 그동안 기후 위기 대응에 실패해 온 이유가 기술이 부족해서였을까요? 새로운 기술들을 적용하기만 하면 문제가 해결될까요? 기후 위기 해법으로 제시되는 신기술 중 대표적인 것들을 살펴보며, 과연 그런 기술들이 얼마나 효과적일지, 또 얼마나 적용 가능할지 따져 봅니다.

5장에서는 핵발전이 기후 위기의 대안이 될 수 있는지 살펴봅니다. 윤석열 정부는 핵발전소를 새로 짓고 수명이 다 된 핵발전소들도 계속 운영하겠다며 대대적인 핵발전 확대 정책을 추진하고 있습니다. 안타깝게도 국내외 기후 운동 일각에서도 핵발전 활용론이 제기되고 있는데요. 기후 위기가 너무 가속돼 재생에너지로 전환하기에는 시간이 부족하다는 게 이유입니다. 이런 주장에 어떤 문제가 있는지, 기후 위기를 멈추려면 핵발전을 활용하는 게 불가피한지 꼼꼼히 따져 봅니다.

6장에서는 몇 해 전부터 기후 위기의 대안으로 주목받은 '그린 뉴딜'과 '정의로운 전환'에 대해 살펴봅니다. 그린 뉴딜은 재생에너지 등에 대규모로 재정을 투자해 기후 위기에도 대응하고 일자리와 소득도 늘리자는 아이디어입니다. 그 속에는 에너지·산업 전환 과정에서 노동자들에게 고통이 전가돼서는 안 된다는 정의로운 전환의 아이디어도 담겨 있습니다. 그 구체적 내용은 사람마다, 혹은 정당마다 크게 다른데요. 서로 천양지 차인 그린 뉴딜에 대해 각각 어떻게 봐야 할까요? 그 속에 의미 있는 조처들이 담겨 있다면, 그것이 실현되도록 하는 데 무엇이 필요한지 살펴봅니다.

과거에 환경 운동 내에서는 노동자들도 환경 파괴의 공범이라는 인식이 강했습니다. 오늘날 이런 인식은 도전받고 있습니다. 기후 정의라는 구호가 등장해 널리 지지받는 상황이 그 변화를 잘 보여 주죠. 그러나 여기서 더 나아가 노동자들을 환경 운동에 참여시키는 것이 얼마나 중요한지 강조하는 목소리는 찾아보기 어렵습니다. 7장에서는 노동자들이 기후 위기를 멈추는 데에서 어떤 구실을 할 수 있는지 살펴봅니다. 또 역사적 경험을 돌아보면서 노동자들이 기후 운동에 동참하게 하려면 어떻게 해야 하는지 살펴봅니다.

오늘날 농축산업은 환경 파괴와 기후 위기를 낳고 있습니다. 이런 환경 파괴와 기후 위기는 다시 농축산업의 기반을 크게 위협하고 있고요. 악순환이죠. 최근의 식량 위기는 이런 문제를 잘 보여 줍니다. 8장에서는 왜 자본주의에서 이런 악순환이 가속되는지, 자본주의적 농축산업이 기후 위기에 얼마나 큰 영향을 끼치는지 살펴봅니다. 또 오늘날 세계적으로 유행하는 채식 장려 운동이 기후 위기를 멈출 효과적 대안이 될 수 있는지도 따져 봅니다.

오늘날 기후 운동 내에서는 자본주의적 경제성장이 기후 위기와 환경 파괴의 근본 원인이라는 견해가 널리 받아들여지고 있습니다. 그렇다면 우리가 지향해야 하는 사회는 어떤 사회일까요? 9장에서는 생태적 기반을 파괴하지 않으면서도 인류 전체의 필요를 충족하는 사회를 만들 수 있는지, 그러려면 무엇이 필요한지 살펴봅니다. 이와 관련해 국제 기후 운동 내에서 논쟁이 되고 있는 탈성장론과 과잉인구론에 대해서도 살펴봅니다.

10장에서는 기후 위기를 멈추기 위한 시간이 부족하다는 경고에 공감하면서, 심각해지는 기후 위기에 맞서 우리가 해야 하는 일이 무엇인지 얘기합니다. 기후 위기와 팬데믹, 전쟁 같은 세계적 위기가 중첩되고 경제 불황과 생계비 위기로 수많은 사람들이 고통을 겪는 지금, 재앙을 멈출 수 있는 근본적 체제 변화의 가능성을 따져 보고 그 가능성을 실현하기 위해 무엇이 필요한지 살펴봅니다.

부록으로 실린 세 글은 10부작에서 미처 다루지 못했지만 좀 더 깊이 있는 논의를 위해 꼭 필요한 주제를 다룹니다.

부록 1 "기후 운동이 추구해야 할 전략은 무엇인가?"는 이 책의 주제인 '체제를 바꾸자'는 구호가 뜻하는 바가 무엇이 돼야 하는지를 다룹니다. 9장과 10장에서 다룬 내용의 일부를 좀 더 깊이 다룬 것인데요. 체제를 바꾸기 위해 필요한 변화는 어떤 것이고 그런 변화를 위해 무엇이 필요한지 고전 마르크스주의 관점으로 체제 변화 전략을 소개합니다.

부록 2 "기후 위기 해결 가로막는 제국주의 경쟁"은 선진 자본주의 국가들 사이의 지정학적 갈등이 어떻게 기후 위기 해결 노력을 방해하는지 살펴봅니다. 지정학적 경쟁은 얼핏 보기에는 기후 위기와 직접적인 관계가 없는 듯하지만, 실제로는 오늘날 자본주의 세계의 심각한 문제들을 가장 첨예하게 만드는 매우 현실적인 문제입니다. 우크라이나 전쟁이 세계에 끼친 영향이 보여 주듯 말이죠.

부록 3 "위기의 시대에 필요한 정치는 무엇인가?"는 팬데믹과 전쟁과 기후 위기의 시대에 고전 마르크스주의 전통, 특히 러시아 혁명가 레닌의 사상과 실천이 어떤 도움을 줄 수 있는지 살펴봅니다. 여러 위기가 서로 얽혀 있는 복합 위기 속에서, 기후 위기를 멈출 거대한 변화를 이끌어 내려면 어떤 정치가 필요한지 근본적 고민을 던져 줍니다.

그러면 이제 시작하겠습니다.

1장

정의로운
기후 해결은
무엇일까?

기후 정의란 무엇이고, 왜 중요한가?

기후 위기 대응 비용, 모두의 책임?

오늘날 기후 위기의 심각성은 매우 잘 알려져 있습니다. 현재 지구 평균기온은 산업화 이전보다 1.2도 높은데요. 이 정도 변화로도 세계 곳곳에서 대형 산불과 홍수와 가뭄으로 수많은 생명이 사라지고 있습니다. 이는 식량 위기와 에너지 위기를 낳아 더 많은 사람들을 위협하고 있고요.

'유엔 기후변화에 관한 정부 간 협의체IPCC'는 평균기온이 산업화 이전에 견줘 1.5도 이상 오르지 않도록 해야 한다고 경고했습니다. 지금처럼 온실가스를 배출하면 앞으로 8년 안에 그 한계에 도달할 것으로 예측했죠. 세계 기후 운동은 이 한계를 넘지 않도록 하기 위한 실질적인 조처가 시행돼야 한다고 요구하고 있습니다.

1장에서는 첫 번째 주제로 '기후 정의'에 대해 얘기하려고 합니다.

기후 정의란 무엇이고, 왜 중요한가?

기후 정의는 오늘날 국제적 기후 운동에서 지지를 많이 받는 구호입니다. 기후 정의는 기후 위기를 초래한 선진국들과 기업들이 그에 합당한 책임을 져야 하고, 기후 위기의 피해를 고스란히 떠안고 있는 빈국들을 무상 지원해야 한다는 뜻입니다. 또 기후 위기를 멈추기 위한 조처라면서 사회적 약자나 노동자에게 고통을 떠넘겨서는 안 된다는 뜻이기도 합니다.

기후 정의는 매우 중요한 문제입니다. 이런 정의가 관철되지 않으면, 기후 위기 대책이 실제로 추진되기가 매우 어려울 것입니다. 기후 위기 대책이라면서 이미 고통받고 있는 사람들에게

고통을 추가한다면 사람들이 그것을 지지할 리 없으니까요. 기후 정의는 추상적인 도덕을 늘어놓자는 게 아닙니다. 기후 위기에 실질적으로 대처하기 위한 출발이라고 할 수 있습니다.

산업화가 시작된 1751년부터 2017년까지 미국과 유럽 선진국들이 배출한 온실가스는 전 세계 배출량의 절반을 차지합니다(그림 1-1). 이런 점에서 선진국들에게 기후 위기의 책임을 묻는 것은 당연합니다. 그런데 서방 선진국들은 중국과 인도의 온실가스 배출을 문제 삼습니다. 물론 중국 등이 온실가스를 계속 배출하는 것은 문제이고, 이를 방치하면 기후변화를 멈출 수 없습니다. 그러나 서방 선진국들이 그간 미흡한 조처를 취해 왔으면서 중국을 핑계 대는 것은 위선일 뿐입니다. 똥 묻은 개가 겨 묻은 개 나무라는 격이죠. 게다가 지난 수십 년 동안 미국 등 선진국들은 세계시장에서 중국 같은 나라들의 추격을 따돌리려고 온실가스 감축 노력을 회피해 왔습니다.

미국과 유럽은 역사적 배출량이 더 많을 뿐 아니라 세계경제와 국제 규범에서 화석연료가 중심이 되도록 만든 당사자입니다. 이런 선진국들이 온실가스를 더 먼저 더 많이 줄여야 한다는 요구는 정당합니다.

제가 선진국의 책임에 대해 얘기하고 있는데요. 그렇다고 해

그림 1-1. 온실가스 누적 배출량 (1751~2017년)

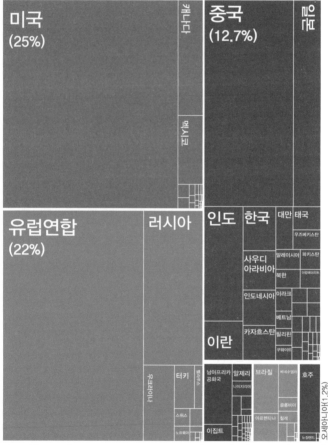

출처: Our World in Data

서 선진국에 살고 있는 사람들 모두가 문제라는 뜻은 아닙니다. 선진국에서도 온실가스의 압도적 비중은 기업들이 배출한 것입니다. 이는 전 세계적으로 봐도 마찬가지인데요. 지난 30년 동안 배출된 전 세계 온실가스의 71퍼센트는 고작 100개의 기업이 배출한 것입니다(그림 1-2).

따라서 선진국들과 대기업들이 그동안 화석연료를 펑펑 쓰면서 벌어들인 돈을 기후 위기 대응에 쓰도록 해야 합니다. 선진국들이 돈과 기술을 가난한 나라들에 지원하면 기후 위기 악화를 막고 가난한 나라 대중의 삶도 개선할 수 있습니다. 빈국들을 빚더미로 내몰지 않으려면 당연히 무상 지원이어야 하고요.

이런 견해에 대한 공감대는 광범합니다. 그러다 보니 선진국들도 이를 정면 부정하지는 못합니다. 그래서 최초의 온실가스 협약인 1997년 교토 의정서는 선진국들에만 감축 '의무'를 부과했고, 이후에 열린 기후변화 회의들에서도 선진국이 개발도상국을 지원할 책임이 거론됐습니다.

그러나 20여 년간 그 의무는 지켜지지 않았습니다. 또 각국 정부는 말로는 기후 정의를 인정하는 척하면서 실제로는 책임소재를 뭉갭니다. 그러면서 기업주와 노동자, 또는 생산자와 소

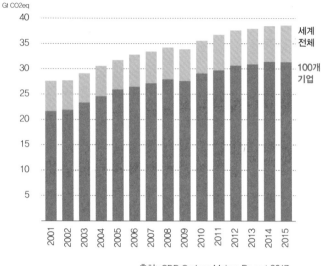

그림 1-2. 세계 온실가스 배출량과 100개 기업의 비중

출처: CDP Carbon Majors Report 2017

비자가 함께 고통을 분담해야 한다고 주장하고, 전기 요금이나 유류세나 탄소세를 인상하려 합니다. 이것은 진정한 책임자가 자기 책임을 회피하고 피해자들에게 고통을 떠넘기는 것으로, 정의에 어긋나는 일입니다.

지금까지 미국과 유럽연합 얘기를 주로 했는데, 우리나라는 어떨까요? 기후 위기에 책임이 없을까요? 신흥공업국인 한국도 다른 선진국만큼은 아니지만 기후 위기에 적잖은 책임이 있습

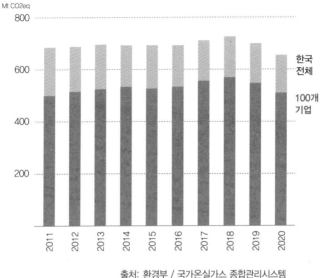

그림 1-3. 한국 온실가스 배출량과 100개 기업의 비중

Mt CO2eq

출처: 환경부 / 국가온실가스 종합관리시스템

니다. 경제 규모가 세계 10위를 차지할 정도로 급속한 경제 발전을 이루는 동안 숱한 환경 파괴를 일으켰습니다. 물론 한국의 경우에도 보통 사람들 모두가 아니라 기업들의 책임이 압도적입니다. 단지 100개의 기업이 한국 온실가스 배출량 전체의 70퍼센트 이상을 차지합니다(그림 1-3). 그중에서도 해마다 1위를 차지하는 철강 기업 포스코 하나가 10퍼센트 이상을 차지 할 정도죠.

기후 위기 대응 비용, 모두의 책임?

그러면 이제 기후 정의와 관련해 기후 운동 내 논의를 좀 살펴보겠습니다. 앞서 저는 각국 정부들이 기업주와 노동자, 또는 생산자와 소비자가 함께 고통을 분담해야 한다고 주장하며 전기 요금이나 유류세를 인상한다고 얘기했는데요. 이에 대한 태도가 기후 운동 내에서 논란이 되고 있습니다.

전기 요금 인상은 2022년 우리나라 대선의 쟁점이기도 했으니, 그 얘기를 해 보죠. 기후 운동 일각에는, 기후 위기를 멈추려면 전기 소비를 줄여야 하고 그러려면 전기 요금 인상이 불가피하다는 주장이 있습니다.

화석연료를 사용하는 다양한 부문 중에서 전력 생산이 온실가스를 가장 많이 배출하는 것은 맞습니다. 그러나 평범한 사람들이 사용하는 전기는 냉난방, 각종 조명, 취사도구, 스마트폰 등을 사용하려면 꼭 필요한 수단, 즉 생존에 필수적인 수단입니다. 반면, 기업주들에게 전기는 이윤을 얻고 권력을 키우는 수단입니다. 그리고 기업들은 압도적으로 많은 전기를 사용합니다. 게다가 대부분 나라들에서 산업용 전기 요금은 가정용보다 훨씬 저렴합니다.

우리나라도 마찬가지입니다. 2022년 기준 가정이 소비하는 전기(주택용)는 전체 사용량의 15퍼센트에 불과합니다(그림 1-4). 삼성전자 등 겨우 20개의 기업이 사용하는 전기가 일반 가구 전체의 사용량보다 많습니다. 그러나 기업이 사용하는 전기는 주택용보다 훨씬 저렴합니다. 2021년에 우리나라의 전력 다소비 기업 상위 20곳은 8만 7794기가와트시의 전기를 사용하고 8조 2810억 원의 요금을 낸 반면, 주택용 전기 사용 가구(1572만 8000가구)는 이보다 약 9.8퍼센트 적은 7만 9915기가와트시의 전기를 사용하고 요금은 5.3퍼센트 많은 8조 7232억 원을 냈습니다. 즉, 20개 기업이 7879기가와트시의 전기를 더 쓰고도 전기 요금은 4422억 원이나 덜 낸 것입니다(그림 1-5).

이런 현실을 볼 때 가정용 전기 요금 인상은 기후 위기를 멈추는 데 효과가 거의 없을 뿐 아니라 평범한 사람들, 특히 가난한 사람들에게 고통을 떠넘기는 일입니다. 2022년 초 카자흐스탄 항쟁이나 2018년 프랑스 노란 조끼 운동은 유류세와 탄소세 인상 같은 조처에 대한 정당한 반발로 시작됐습니다.

전력 생산에서 온실가스 배출을 줄이려면 석탄이나 가스 같은 화석연료가 아니라 바람과 햇빛 등을 이용한 재생에너지로 전환하는 것이 핵심입니다. 그 비용은 평범한 사람들이 아니라

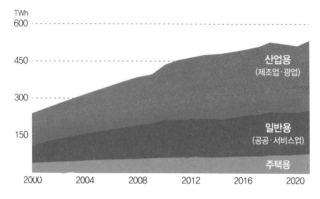

그림 1-4. 한국의 용도별 전력 판매량

산업용
(제조업·광업)

일반용
(공공·서비스업)

주택용

출처: 전력통계정보시스템

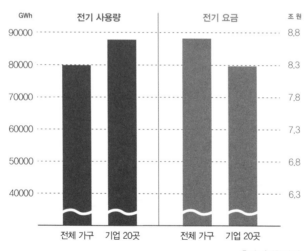

그림 1-5. 가정과 기업의 전기 사용량과 요금 비교 (한국, 2021년)

출처: 〈경향신문〉

기업주들이 부담하게 해야 합니다. 또 생산과정에서 에너지 효율을 높이도록 규제하고, 에너지 효율이 높은 제품을 생산하도록 해야 합니다.

어떤 사람들은 전기 요금을 인상한 다음 저소득층에는 환급해 주자고 합니다. 그러나 이런 선별 지원 제도는 대상자 선정과 금액을 둘러싼 불필요한 논란을 계속 일으킬 수밖에 없습니다. 게다가 저소득층을 고통스럽게 하거나 낙인 찍는 효과를 내기도 하고요. 필수 전력을 싸게 공급하고 에너지 효율이 좋은 가전제품과 주택을 저렴하게 보급하는 것이 훨씬 효과적일 것입니다.

기후 정의 안에는 '정의로운 전환' 개념도 있습니다. 정의로운 전환은, 가령 석탄 발전소나 가스 발전소를 폐쇄하고 재생에너지로 전환할 때, 내연기관 자동차를 전기차로 바꿀 때, 그 발전소나 공장에서 일하던 노동자들이 해고되거나 소득이 줄어드는 등 불이익을 겪어서는 안 된다는 것입니다. 이 문제는 기후 운동의 전망과 관련해서도 매우 중요한 문제입니다. 6~7장에서 자세히 다루겠습니다.

기후 톡톡

Q 선진국과 다른 나라들의 온실가스 배출량 비율을 비교해 주시고, 선진국에서도 기업과 자본가의 책임이 더 크다는 얘기를 구체적 사실로 설명해 주셔서 이해가 쉬웠어요. 궁금한 점이 두 가지 있습니다.

① 선진국이 환경을 파괴하며 벌어들인 돈을 어떻게 다른 나라들에 환원할 수 있을까요?

② 자본가들에게 더 큰 책임을 물리는 방식의 정책으로는 구체적으로 어떤 것이 있나요?

A 가장 확실한 방법은 선진국들이 빈국들에 재정을 직접 지원하는 것입니다. 실제로 2009년 코펜하겐에서 열린 '유엔 기후변화 협약 당사국 총회'에서 선진국들은 빈국들에 매년

1000억 달러를 지원해 주기로 약속했습니다. 그러나 이 약속은 지켜지지 않았어요. 선진국들 자신의 발표에 따르더라도 2018년에 780억 달러, 2019년에 800억 달러만을 지원했습니다. 그런데 이조차도 상당히 부풀린 액수인데요. 국제 구호 단체 옥스팜이 조사한 결과를 보면, 선진국 정부들이 줬다는 '지원금'은 대부분(2018년의 경우 74퍼센트) 차관이었습니다. 즉, 갚아야 하는 돈이었어요. 그나마도 시세보다 낮은 금리로 빌려준 돈은 2017~2018년에 225억 달러에 그쳤다고 합니다(《Climate Finance Shadow Report 2020》).

각종 기술을 지원할 수도 있습니다. 하지만 선진국들은 특허니 지적재산권이니 하며 기술 지원을 꺼립니다. 코로나 팬데믹 상황에서도 백신을 지원하지 않고 특허권을 지키려 기술을 공개하지 않은 것과 같은 논리입니다. 사람보다 이윤이 우선이라는 겁니다.

자본가들에게 더 큰 책임을 물리는 방식으로는 법인세 같은 기업 세금을 인상하거나 부유세, 횡재세 등 그들이 벌어들인 막대한 이윤에 세금을 부과하는 방식이 있습니다. 필요하다면 정부가 주요 자산을 몰수하거나 통제하기도 해야 하고요. 제2차세계대전 당시에 각국 지배자들은 전쟁을 하려고 이런 조처를 취했습니다. 우리는 정반대로 인류를 구하기 위해 그런 조처를 취하라고 요구할 수 있어요.

이런 조처는 기업주들이 노동자들을 착취해 쌓아 올린 부를 수많은 사람들의 필요를 위해 사용하는 것이기도 합니다. 코로나 팬데믹 상황에서도 일부 정부들은 민간 병원을 국유화하거나 사실상 정부 통제 아래 뒀습니다. 기후 위기를 멈추기 위해 그런 조처를 취하지 말아야 할 이유는 없습니다.

Q 전 세계 온실가스 배출량의 71퍼센트가 대기업에서 나오는 것을 문제 삼아 그 책임이 대기업에 있다고 강조하시는데요. 그 기업들이 만든 상품을 결국에는 국민이 소비한다는 점에서, 과소비와 낭비에 죄책감이 없고 환경 파괴에 대한 경각심을 망각한 국민에게도 결국 그 책임이 있는 게 아닌가요? 그리고 그렇게 국민을 천민자본주의의 노예로 만들어 놓은 채 방관하고 있는 국가에도 큰 잘못이 있으니 기업들에만 책임을 묻는 것은 잘못이라고 생각합니다.

A 저는 기후 위기의 책임이 모든 사람에게 있지는 않다고 생각합니다. 전력, 수송, 농축산업, 냉난방 등은 우리 삶에 필수적이고, 따라서 모두가 이용합니다. 필수품을 사용하는 것에

책임을 물을 수는 없습니다. 그러나 이런 필수품을 생산할 때 화석연료를 사용할지 재생에너지를 사용할지 결정하는 것은 매우 소수의 기업주와 정책 결정자입니다. 그리고 그들이 화석연료를 사용하기로 결정한 이유는 노동자 등 서민층의 필요가 아니라 자신들의 이윤 때문이라는 게 제 주장의 줄거리입니다.

기업주들과 각국 정부는 이윤과 그 이윤을 바탕으로 한 권력을 지키려고 기후 위기의 현실이 드러난 뒤로도 수십 년 동안 아무것도 바꾸지 않았습니다. 어느 나라에서든지 '국민'의 대부분은 그런 결정 과정에서 사실상 배제돼 있습니다.

그런 결정으로 평범한 사람들이 이익을 얻는 것도 아닙니다. 정부와 기업주들은 화석연료 덕분에 국민이 모두 전기를 저렴하게 이용할 수 있다고 주장해요. 하지만 사실 전기를 저렴하게 이용해서 이익을 보는 것도 기업주들일 뿐 평범한 노동계급과 서민층이 아닙니다. 가정용 전기 요금은 결코 저렴하다고 할 수 없어요. 요즘처럼 폭염과 한파가 잦아지는 시대에 아이를 키우거나 노인을 부양하는 집이라면 누구나 냉난방을 줄일 대로 줄이더라도 전기 요금으로 허리가 휜다고 느낄 겁니다. 독거노인이나 기타 혼자 사는 많은 사람들도 사정이 낫다고 하기는 힘들죠.

게다가 정부는 가전제품의 전기 효율도 매우 느슨하게 관리합니다. 상업용 건물의 냉난방도 마찬가지고요. 왜냐하면 전력 가격 정책의 목표가 노동자 등 서민층의 편리를 위해서가 아니라 기업주들의 이윤 추구에 유리하도록 짜여 있기 때문입니다.

'과소비', '낭비', '망각'으로 비난받아야 할 것은 평범한 사람들이 아니라 기업주와 정부인 것입니다.

2장

화석연료와
자본주의의
질긴 인연

인류세人類世라는 말, 혹시 들어 보셨나요? 지구 환경이 너무 급변해서 지질학적으로 완전히 새로운 시대에 들어섰다는 말입니다.

인간은 지구상에 등장한 이래 수십만 년 동안 자연을 활용하며 살았습니다. 그러나 인간의 자연 활용이 지금처럼 파괴적이게 된 것은 상대적으로 매우 짧은 시기인 자본주의에서 벌어진 일입니다. 그러니까, 환경 파괴는 인간이 태생적으로 자연을 갉아먹는 존재여서 벌어진 게 아니라, 자연을 이용하는 자본주의적 방식 때문에 벌어졌다는 얘기입니다. 특히 자본주의가 등장하면서 화석연료와의 질긴 인연이 시작됐는데, 이것이 환경 파괴의 결정적 계기였어요.

여기 2장에서는 어떻게 자본주의에서 화석연료가 필수 에너지원이 됐는지 그 역사를 돌아보고자 합니다.

화석연료 자본주의

스웨덴 마르크스주의 생태학자 안드레아스 말름은 《화석 자본》이라는 책에서, 화석연료와 자본주의의 질긴 인연이 어떻게 시작됐는지 보여 줍니다. 그는 19세기 초 영국에 주목하는데요. 바로 그 시절 영국에서 에너지 전환이 일어났기 때문입니다. 아시다시피 영국은 18세기 말에 산업혁명이 일어나면서 사본주의적 발전을 선도한 곳입니다.

산업혁명을 이끈 기계인 방적기와 방직기는 원래 수력, 특히 강물의 힘으로 움직였습니다. 산업혁명으로 유명한 영국 도시

놓칠 수 없어!

맨체스터의 공장들은 1820년대까지도 대부분 수력을 이용했습니다.

산업혁명 하면 제임스 와트라는 이름을 떠올리는 분이 있을 겁니다. 그는 '증기기관의 아버지'로 불리는 사람인데, 증기기관이 바로 석탄을 태워 동력을 얻는 장치입니다. 제임스 와트가 발명한 회전식 증기기관은 18세기, 정확히는 1784년에 세상에 나왔습니다(그림 2-1).

하지만 19세기 들어서도 주요 산업도시들에서는 수력을 계속 사용했습니다. 증기기관보다 싼 데다 효율도 좋았기 때문입니다(그림 2-2).

그런데 석탄을 태우는 증기기관을 쓰면 노동자들을 더 효과적으로 착취할 수 있다는 사실을 일부 공장주들이 깨닫게 되면서, 상황이 변하기 시작합니다.

수력을 이용하는 공장은 상대적으로 유량이 풍부하고 유속도 빠른 강가에 지어야 했고, 그러다 보니 도시와 멀리 떨어진 경우가 많았습니다. 그래서 공장 노동자들이 거주할 정착촌이 필요했고, 노동자들이 떠나 버리기라도 하면 공장 가동에 커다란 차질을 빚었죠. 이와 달리 증기기관을 사용하면, 노동력이 풍부한 도시에 공장을 지을 수 있었고 그래서 노동자들을 안

그림 2-1. 초기 증기기관

출처: Nicolás Pérez

그림 2-2. 수력과 증기기관의 1마력당 생산 비용 (1840년대)

수력   59파운드

증기기관   86파운드

출처: Andreas Malm

정적으로 값싸게 부릴 수 있었습니다.

이와 함께 다른 요인들도 작용했는데요. 가령 공장법 제정이 그랬습니다. 공장 노동시간을 제한하는 공장법(1833년)은 수력 이용에 엄청난 타격을 줬습니다. 공장법 제정 이전에 공장주들은 강물의 양 변화에 따른 에너지 공급 변동과 공장 가동 속도 변동에 노동시간을 늘리거나 줄여서 대응했는데, 더는 그럴 수 없게 된 것입니다. 반면 증기기관은 석탄만 있으면 공장 가동 속도가 느려질 걱정이 없었습니다.

그러자 화석연료 사용은 빠르게 확산됐습니다. 탄광을 도시와 항만에 연결하는 철도가 놓였고, 그 열차에도 증기기관이 탑재됐습니다. 그 열차가 지나는 길을 따라 새로운 도시가 생겼습니다.

이렇게 화석연료 경제가 시작됐습니다. 말하자면, 화석연료는 사회 전체가 에너지 효율을 높이려고 노력하는 과정에서 자연스럽게 채택된 에너지원이 아니라, 자본가들이 이윤 추구를 위해 의식적으로 선택한 것입니다.

화석연료 경제는 자본가들에게는 큰 이익을 가져다줬지만 노동자들에게는 그다지 좋을 게 없었습니다. 노동자들이 증기기관 도입에 격렬하게 저항하는 일이 빈번하게 벌어진 것만 봐

그림 2-3. 산업혁명과 화석연료 경제의 시작

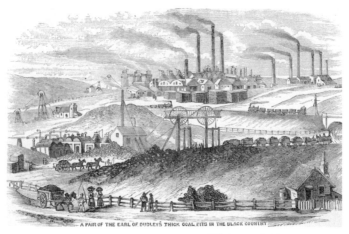

출처: Internet Archive Book Images

도 알 수 있죠.

증기기관은 전 세계로 빠르게 확산됐습니다. 자본주의는 세계적 체제이고 이윤 경쟁으로 작동하기 때문에, 한 나라 한 기업에서 생산력을 향상시키는 새 기술이 채택되면 다른 나라 다른 기업도 뒤따르게 됩니다.

20세기 초에는 석유를 사용하는 내연기관이 추가로 발명됐습니다. 비행기의 발명으로 석유 소비가 크게 늘었습니다. 특히 제1차세계대전에서 도입된 탱크, 비행기, 전함, 잠수함 덕분에 석유산업은 크게 주목받기 시작했습니다.

이제 기차는 자동차로, 철도는 도로로 대체되기 시작했습니다. 승용차는 에너지 효율이라는 면에서 보면 기차보다 어마어마하게 낭비적인데 말입니다(그림 2-4). 도대체 왜 그런 일이 벌어졌을까요? 기업주들에게는 그런 변화가 황금알을 낳는 거위였기 때문입니다.

그림 2-5를 보면, 온실가스가 1950년대부터 가파르게 증가했다는 사실을 알 수 있습니다. 미국은 제2차세계대전 와중인 1940년대에 석유산업에 어마어마하게 투자했습니다. 그 결과로 생겨난 석유 설비들은 전쟁이 끝난 후에는 경제 팽창의 토대가 됐습니다. 그래서 1950년대에 온실가스가 엄청 늘어난 거예요. 또 화약을 생산하던 질소 공장을 비롯해 다양한 석유화학 공장들이 민간에 넘겨졌는데요. 이는 합성 비료, 농약, 플라스틱의 시대로 가는 길을 닦았습니다. 이것들은 온실가스 배출과 환경오염의 주범들이죠.

미국은 마셜플랜이라는 이름으로 유럽 나라들에 막대한 자금을 지원했는데요. 이 자금 지원은 미국이 주도하는 석유산업을 유럽에 안착시키기 위한 것이기도 했습니다.

그림 2-4. 운송 수단별 승객 1인당 1킬로미터당 온실가스 배출량

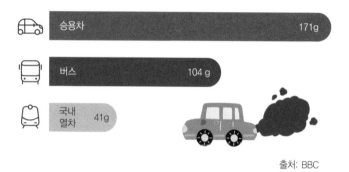

출처: BBC

그림 2-5. 세계 온실가스 배출량 (1750~2021년)

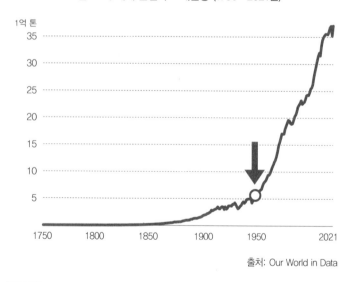

출처: Our World in Data

화석연료에 놓인 이해관계

지금까지 화석연료가 자본주의 사회의 주춧돌이자 기둥 같은 존재가 된 역사를 살펴봤습니다.

현재 거의 모든 기업이 화석연료 에너지를 이용해 생산하고 이윤을 얻습니다. 심지어 매연과는 거리가 먼 것처럼 보이는 금융 기업이나 IT 기업조차 화석연료를 태워 만든 에너지에 의존합니다.

기후 위기를 멈추려면 화석연료 기반 시설들을 모두 폐기해야 합니다. 그 규모는 얼마나 될까요? 2021년 국제 학술지 《네이처 클라이밋 체인지》에 실린 논문을 보면, 현재 화석연료 산업은 자산 가치만 해도 자그마치 22조 달러나 됩니다. 미국의 1년치 국내총생산GDP보다 크고 한국 GDP의 14배에 이르는 규모입니다.

이 정도의 자산을 모두 폐기하려면, 한국 규모의 경제가 앞으로 14년 동안 아무런 경제활동을 하지 않아야 가능하다는 뜻입니다. 게다가 이 자산은 대부분 미국과 중국과 기타 선진국들에 집중돼 있습니다. 선진국과 대기업이 화석연료와 결별하기를 극도로 꺼리는 이유입니다.

1830년대 자본가들은 화석연료 사용이 낳을 기후 위기를 알지 못했습니다. 그러나 오늘날 지배자들은 잘 알고 있어요. 그럼에도 거대한 기득권 세력은 화석연료 산업에 이미 투자한 돈이 너무 아깝다는 생각 때문에 필요한 조처를 가로막고 있습니다. 요즘 'ESG 경영'이다 뭐다 해서 많이 바뀐 것처럼 말합니다. ESG 경영은 기업 경영의 핵심 기준의 하나로 환경을 고려하겠다는 얘기인데요. 현실은 그렇지 않습니다.

2022년 2월에 저는 강원도 삼척에 다녀왔습니다. 석탄 발전소 건설에 반대하는 집회에 다른 기후 운동 활동가들과 함께 참가하려고요. 삼척 발전소는 문재인 정부가 건설을 허가하고, 포스코가 짓는 시설입니다. 둘 다 탄소 중립을 약속하면서도 실제로는 석탄 발전소를 버젓이 늘리고 있는 것이죠.

물론 일부 자본가들은 '녹색 전환'을 고려할 수 있습니다. 그러나 자본주의는 경쟁에 기초해서 돌아가는 체제이기 때문에, 그런 전환은 주류가 되지 못합니다. 유엔은 이미 30년 전에 기후변화의 위험을 공개적으로 다루기 시작했습니다. 그런데도 온실가스 배출은 여전히 늘고 있는 게 현실입니다. 자본주의 체제에서 '녹색 전환'이 주류가 될 수 없다는 걸 보여 주는 일이죠.

그간 선진국 정부들이 기후변화 경고에 어떻게 대처해 왔고 왜 그들의 계획은 30여 년 동안 철저히 실패해 왔는지는 3장에서 자세히 다룹니다.

"체제 변화"의 의미

여기 2장에서는 화석연료의 유지에 자본주의 체제의 이해관계가 얼마나 단단히 묶여 있는지 살펴봤습니다. 또 기후변화에 대처하기보다 기업 이윤을 더 중요하게 여기는 자본주의의 비합리성 때문에 '녹색 전환'이 요원하다고 지적했습니다.

화석연료를 도입하고 계속 더 많이 사용하자는 결정은 '우리 모두'가 내린 것이 아닙니다. 자본주의 체제를 지배하는 자들이 그런 것입니다. 편리함을 추구하는 소비 문화 탓이라는 주장도 흔하지만, 잘못된 진단입니다. 그런 소비 성향도 대부분 이윤을 노린 기업들이 고안하고 조장한 것이니까요.

따라서 화석연료를 제거하려면 자본주의 체제 자체에 도전하지 않으면 안 됩니다. 자본주의 체제를 그대로 둔 채로 그 틀 안에서 개혁을 추구하는 정부나 정당에 기대를 걸었던 운동들은 그 정부가 자본주의 체제의 이해관계를 수호하고자 추진하는 타협에 실망하고 분열하기도 했습니다. 미국 바이든 정부에 기대를 걸었던 사람들이 지금 좌절감을 느끼는 것도 그런 사례입니다.

'기후변화가 아니라 체제 변화'는 세계 기후 운동의 인기 슬로건인데요. 이 "체제 변화"라는 말을 곱씹어 볼 만합니다. 저는 그것을 기후 운동이 자본주의 체제 자체에 맞서야 기후 위기를 막을 수 있다는 주장으로, 즉 힘차고 멋진 구호일 뿐 아니라 운동의 전략으로 심각하게 받아들여야 한다고 생각합니다.

기후 톡톡

Q 삼척 화력발전소 건설을 비판하시면서 "탄소 중립을 약속하면서도 실제로는 석탄 발전소를 버젓이 늘리고 있다"고 말씀하셨습니다. 탄소 중립은 화석연료를 쓰지 않는다는 의미가 아닌데, 정확하게 무엇이 잘못이라고 말씀하시는 것인지 모르겠습니다.

문재인 정부는 2024년까지 화력발전소 4기(삼척의 2기 포함)를 새로 짓는 반면, 2020년까지 4기(실제로 폐쇄), 2022년까지 추가로 6기를 폐쇄하기로 결정했기 때문에, 화력발전소를 늘리고 있다는 주장은 팩트가 아닙니다. 그리고 이 예시를, ESG를 표방하는 기업들이 환경을 핵심 가치로 여기겠다고 하면서 실제로는 그렇지 않다는 주장의 근거로 사용하는 것은 비약이라고 보입니다.

A 정부, 국제기구, 기업주들은 온실가스를 계속 배출하면

서도 기후변화를 멈출 수 있다며 '탄소 중립'이라는 말을 만들어 냈습니다. 배출하는 만큼 흡수하면 대기 중 온실가스 농도가 늘어나지도 줄어들지도 않는 '중립' 상태를 유지할 수 있다는 뜻이에요. 그러면 기후변화를 멈출 수 있다는 것입니다.

그러나 이는 순전히 관념일 뿐입니다. 현재 배출되는 엄청난 양의 온실가스를 흡수할 수단은 개발돼 있지 않아요. 주요 선진국 정부들은 앞으로 개발될(지 아닐지 모를) 기술들로 그렇게 하겠다고 얘기하는 것입니다. 물론 그런 기술을 개발할 필요는 있겠죠. 그런데 인류에게는 지금 당장 온실가스 배출을 중단할 기술들이 이미 있습니다. 재생에너지 기술이 그 중요한 일부죠.

이미 존재하는 기술을 충분히 활용하지는 않고서 '앞으로 개발될 기술들'로 온실가스를 흡수하겠다는 것은 사실상 앞으로 한동안, 혹은 계속 온실가스를 배출하겠다는 얘기일 뿐입니다. 화석연료 기업들의 이윤과 시장의 작동에 손을 대지 않고, 언제 개발될지 알기 어려운 기술들에 우리의 미래를 맡기자는 뜻이죠.

요컨대, 정부는 '탄소 중립'이라는 말로 자신들이 기후 위기를 멈추기 위해 뭔가 하는 것처럼 얘기하면서도 실제로는 온실가스 대량 배출 시설을 계속 짓고 있습니다. 삼척 석탄 발전소

(삼척블루파워)가 2023년에 가동을 시작하면 엄청난 양의 온실가스가 즉시 대기 중으로 방출될 것입니다. 그것을 흡수할 수단은 적어도 앞으로 수년 동안은 없을 것입니다.

이 발전소를 짓는 기업이 바로 포스코입니다. 포스코는 철강 생산으로 유명한 기업인데, 철강을 생산하는 과정에서도 엄청난 양의 온실가스가 배출돼요. 포스코의 웹사이트를 방문해보시면 이들이 'ESG 경영'을 내세우며 친환경 기업으로 보이고자 얼마나 많은 노력을 기울이는지 알 수 있을 것입니다. 문제는 온실가스 배출을 실제로 줄이는 데에는 그런 홍보에 들이는 노력의 100분의 1도 기울이지 않는다는 사실이죠. 조금이라도 진정성이 있다면 당장에 지금 짓고 있는 석탄 발전소 건설부터 중단해야 할 것입니다.

마지막으로, 지금 새로 짓고 있는 석탄 발전소는 폐쇄될 발전소보다 훨씬 크고, 그래서 더 많은 석탄을 소비하고 더 많은 온실가스를 배출할 것입니다. 정부도 이를 인정합니다. 또 폐쇄될 석탄 발전소도 단순히 가동을 중단하는 것이 아니라 천연가스 발전소로 전환할 계획입니다. 석탄보다는 적더라도 온실가스를 앞으로 계속 배출할 것입니다.

Q 대기업들을 하나로 뭉뚱그릴 게 아니라, 탄소 배출을 얼마나 많이 했느냐로 나눠서 봐야 합니다. 알파벳, 메타, 마이크로소프트 같은 IT 기업들은 세계 최상위 기업들이지만 온실가스 배출에 대한 책임이 상대적으로 매우 적다고 생각합니다. 일단 IT 대기업들은 전력 소비자인데, 과거에는 그들에게 다른 선택지가 사실상 없었습니다. 전력이라는 상품을 만드는 방식에까지 소비자인 IT 기업이 책임을 져야 한다는 주장에 동의하지 않습니다.

A 석유 기업 등 에너지 기업은 직접 탄소를 배출합니다. 그로부터 막대한 이윤을 벌어들이죠. 그러나 직접 화석연료를 태우지 않는 기업들도 화석연료에 의존해 이윤을 벌어들입니다. "알파벳, 메타, 마이크로소프트 같은 IT 기업"은 엄청난 전력을 소비하는 데이터 센터 없이는 운영될 수 없습니다. IT 기업들이 생산하는 IT 기기와 서비스도 전력 생산에 의존하고요.

금융계에서는 기업들의 탄소 배출 정도를 측정하는 '스코프'라는 척도가 생기기도 했어요. 스코프1은 제품 생산 단계에서 발생하는 직접 배출, 스코프2는 사업장에서 사용하는 전기를 만드는 과정에서 발생하는 간접 배출을 뜻합니다. 스코프3은 해당 기업의 외부에서, 즉 협력 업체, 물류, 제품 사용과 폐기 과정에서 발생하는 배출을 뜻합니다.

자사의 에너지 이용을 100퍼센트 재생에너지로 전환하겠다고 이른바 RE100을 선언한 기업들 중에도 스코프3까지 충족시키겠다는 기업은 극소수입니다. 그나마도 실효성은 의심스러워요. 예를 들어 애플은 2030년까지 탄소 중립을 실현하겠다고 했어요. 그런데 2030년은 기업 경영 계획이라는 관점에서 보면, 언제든 방향을 바꿀 수 있을 만큼 꽤나 먼 미래입니다. 또 탄소 배출을 줄이거나 없애는 게 아니라 '중립'을 달성한다고 해요.

그리고 기업들 사이의 이윤 경쟁은 체제 전체가 더 많은 화석연료를 사용하도록 만드는 추동력이기도 합니다. 기술적으로 다른 선택지가 없었던 것이 아닙니다. 풍력발전이나 태양광발전 기술은 수십 년 전부터 사용돼 왔습니다. 문제는 그런 기술들을 전면적으로 활용해 전력을 공급하려 했다가는 충분한 이윤을 얻을 수 없었기 때문에 외면한 것이죠. 즉, 인간과 지구 환경을 보호하는 일보다 이윤 축적을 우선시하는 자본주의 논리가 작동한 결과입니다. IT 기업들도 그런 논리를 따르고 지키는 것이 이윤 획득에 도움이 된다고 보기 때문에 그렇게 행동해 온 것이고 실제로 엄청난 부를 거머쥐게 됐습니다. IT 기업들에게도 큰 책임이 있다고 하는 이유입니다.

평범한 사람들은 다릅니다. 겉보기로는 똑같은 전력 소비자로 보일지라도, 화석연료를 계속 사용하는 것으로부터 특별한 이익을 얻는 것도 없고, 어떤 전기를 사용할지 선택할 권리도 없습니다. 평범한 사람들에게 책임을 물을 수 없다고 주장하는 이유입니다.

3장

기후 경고
하루 이틀 아닌데
왜 이 지경?

최근 우리는 기후 위기가 얼마나 무시무시한지 처절하게 경험하고 있습니다. 2021년에 유럽과 중국에서는 대규모 홍수로 많은 사람이 죽었죠. 같은 해 미국 텍사스주에 닥친 한파로 전기가 끊겨 사실상 몇 주 동안 대도시들이 마비되기도 했습니다. 2022년에는 대형 산불이 서유럽, 호주, 미국 서부에서 일어났고 심지어 북극에서도 매년 대형 산불이 나고 있습니다. 2022년 3월에 발생한 동해안 일대의 산불은 한국도 예외가 아님을 보여 줬고요.

　기후 위기로 식량 가격도 크게 올랐습니다. 유엔 식량농업기구FAO는 얼마 전 식량 가격이 2011년 이후 최고로 급등했다면서 기후변화를 주요 이유로 꼽았습니다.

　기후변화 때문에 살던 곳을 떠나야 할 사람도 2050년이면 약 2억 명에 이를 것이라고 합니다. 그런 사람들이 새로 살 곳

을 찾는 것은 지금보다도 더 어려워질 것입니다. 미래에는 기후
변화로 식량과 에너지도 위기일 것이기 때문입니다.

자본주의적 해결책 고집한 30년

인류가 이런 문제를 전혀 알지 못하다가 기습적인 위기에 처
한 것일까요? 전혀 그렇지 않습니다. 주요 선진국 정부들은 기
후변화가 진행되고 있고 세계적 공동 대처가 필요하다는 사실
을 적어도 1988년부터는 분명히 알고 있었습니다. 1988년에 그
들이 유엔 기후변화에 관한 정부 간 협의체를 만든 사실만 봐
도 알 수 있죠.

그런데도 그 뒤 30여 년 동안 온실가스 배출량은 오히려 가
파르게 증가했고(그림 3-1) 그에 따라 지구 전체도 뜨거워졌습
니다.

도대체 유엔과 각국 정부들이 30여 년 동안 무엇을 어떻게
했길래 기후변화가 완화되기는커녕 한층 더 심각한 위기 상황
에 이르렀을까요? 그들이 그동안 시끄럽게 떠들어 대던 온갖
'계획'들은 왜 이토록 효과가 없었을까요?

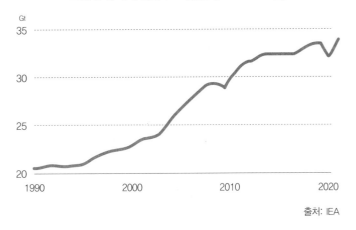

그림 3-1. 세계 온실가스 배출량 (1990~2020년)

출처: IEA

기후 위기를 멈추려면 온실가스를 극적으로 줄여야 합니다. 유엔 기후변화에 관한 정부 간 협의체가 가장 최근에 발표한 보고서는 지구 시스템의 평형이 2040년 무렵에 깨질 가능성이 높다고 경고했습니다.

그런데 2021년에 열린 '26차 유엔 기후변화 협약 당사국 총회COP26'에서도 각국 정상들은 온실가스 감축을 강제하는 결정을 내리지 않았습니다. 그래서 스웨덴의 기후 운동가인 그레타 툰베리는 각국 정상들이 모두 말잔치만 하고 돌아갔다고 비판했죠.

각국 정부는 도대체 왜 이러는 걸까요? 결론부터 말하면, 이윤 축적이라는 자본주의의 우선순위를 그대로 둔 채 기후변화를 다루려 하기 때문에 완전히 실패한 것입니다.

온실가스를 극적으로 줄이려면 앞으로 몇 년 안에 화석연료 산업의 문을 닫아야 합니다. 합리적인 사회라면 인류 전체의 미래를 위해 석유 기업과 화석연료 의존 기업들의 활동을 중단시키고 친환경 산업에 최대한 자원을 집중시킬 겁니다.

그러나 아무리 인류를 위해 필요한 조치라고 말해도 자본가들에게는 전혀 다르게 들립니다. 그들에게는 여전히 '멀쩡한' 자산을 헐값에 청산하라는, 대단히 비합리적인 소리로 들리는 것이죠. 화석연료만큼 수익성 좋은 투자처가 드물다는 점 때문에도 비합리적인 소리로 여깁니다.

그림 3-2는 2015~2020년 미국 경제지《포춘》이 선정한 세계 10대 기업 중 석유 기업 명단인데요. 매년 절반 이상 차지하는 것을 보실 수 있습니다. 나머지 10대 기업도 자동차, 석유화학, 전력 등 대부분 화석연료에 직접적으로 의존하는 기업들입니다. 이런 기업들이 세계 자본주의 경제의 핵심이라는 뜻입니다. 그리고 각국 정부들은 이런 기업의 이익을 보호하는 데 발 벗고 나섭니다. 유엔 기후변화 협약 당사국 총회도 이런 기업들의

영향력을 벗어난 적이 없죠.

그러다 보니 자본가들과 지배계급이 내놓는 해법은 자본주의 논리를 바탕으로 시장 메커니즘을 도입해 환경문제를 해결하겠다는 것이었습니다. 사실상 기업들이 화석연료를 계속 사용할 수 있도록 해 주면서 말이죠. '탄소 중립'과 '배출권 거래제'가 그런 사례인데요. 지금부터 이런 조처가 왜 효과가 없고 문제인지 살펴보겠습니다.

그림 3-2. 《포춘》 선정 세계 10대 기업 중 석유 기업 (2015~2020년)

2015년
2위 중국석유화공
3위 로열더치쉘
4위 중국석유천연가스
5위 엑손모빌
6위 브리티시페트롤리엄

2016년
3위 중국석유천연가스
4위 중국석유화공
5위 로열더치쉘
6위 엑손모빌
10위 브리티시페트롤리엄

2017년
3위 중국석유화공
4위 중국석유천연가스
7위 로열더치쉘
10위 엑손모빌

2018년
3위 중국석유화공
4위 중국석유천연가스
5위 로열더치쉘
8위 브리티시페트롤리엄
9위 엑손모빌

2019년
2위 중국석유화공
3위 로열더치쉘
4위 중국석유천연가스
6위 사우디아람코
7위 브리티시페트롤리엄
8위 엑손모빌

2020년
2위 중국석유화공
4위 중국석유천연가스
5위 로열더치쉘
6위 사우디아람코
8위 브리티시페트롤리엄

탄소 중립, 탄소 상쇄

먼저 주요 선진국 정부들이 고안해 낸 개념인 이른바 탄소 중립을 살펴보죠. 이것의 본질은 온실가스 흡수 수단을 개발해서 기업들이 화석연료를 계속 태울 수 있게 허용하겠다는 것입니다. 배출된 온실가스를 상쇄하겠다는 의미에서 '탄소 상쇄'라고도 부릅니다.

가장 대표적인 수단으로 거론되는 것이 나무를 심는 겁니다. 식물은 이산화탄소를 흡수해 영양분 삼아 자라니까 나무를 심으면 탄소를 흡수할 수 있다는 주장입니다. 그러나 나무를 심어 온실가스를 흡수하는 데에는 한계가 있습니다. 나무는 기계가 아닙니다. 나무가 자라서 탄소를 충분히 흡수할 수 있게 되기까지는 오랜 시간이 걸립니다. 나무가 충분히 자라기 전에 산불이나 병충해로 일찍 죽을 수도 있는데, 그러면 오히려 탄소가 배출되죠.

무엇보다, 단순히 화석연료 배출 여력을 확보할 목적으로 나무를 심겠다는 방식에는 문제가 뒤따릅니다. 유엔 기후변화에 관한 정부 간 협의체가 최근에 발표한 보고서는 맹목적인 나무 심기처럼 단기적 이익을 노리고서 취해진 조처들이 장기적으로는 오히려 기후 위기 대응 능력을 갉아먹고 생태 위기를 키울 것이라고 경고합니다. 생물 다양성 감소, 현지 주민의 생계 수단 박탈, 물과 식량 위기 같은 것들이 대표적이죠.

REDD나 'REDD 플러스'라는 이름으로 현재 제3세계에서 진행되는 조림 사업들이 정확히 그런 식입니다. 이 사업은 선진국 기업과 정부에 '상쇄' 능력을 판매하는 것을 목적으로 벌이는 사업인데요. 심지어 나무를 실제로 심기는 하는지 불확실하냐는 비판도 많습니다. 그야말로 엉망진창입니다.

또 다른 탄소 상쇄 수단은 이른바 '탄소 포집 저장' 기술이라는 건데요. 온실가스를 땅속에 묻겠다는 겁니다. 그러나 대기 중 이산화탄소를 걸러 내는 기술이든 땅속에 보관하는 기술이든 무엇 하나 확실하게 개발이 완료된 것이 없고, 안전성 문제도 제기됩니다.

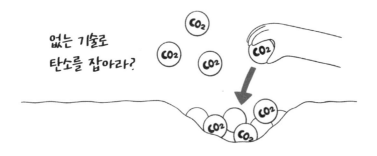

없는 기술로
탄소를 잡아라?

탄소 배출권 거래제

주요 선진국 정부들이 생각해 낸 또 다른 자본주의적 방식은 시장을 활용하자는 겁니다. 탄소 배출권이나 배출권 거래제라는 말을 들어 보셨을 거예요. 탄소 배출권 거래제는 기업들마다 매년 배출할 수 있는 온실가스 양의 상한선을 정해 놓고 그 한도를 넘어서 배출하려면 배출권을 구입하도록 하는 제도입니다(그림 3-3). 이런 제도는 얼핏 보기에는 가격 메커니즘에 따라 자연스레 온실가스 배출을 줄일 수 있을 것 같습니다.

그림 3-3. 탄소 배출권 거래제란?

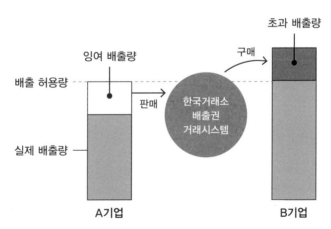

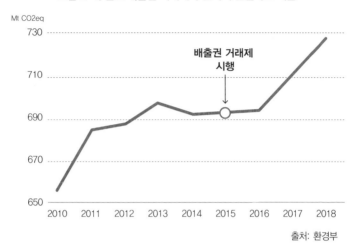

그림 3-4. 탄소 배출권 거래제와 한국의 온실가스 배출

Mt CO2eq

배출권 거래제
시행

출처: 환경부

하지만 실제로는 그렇지 않습니다(그림 3-4).

먼저, 정부들은 기업들의 부담이 커질까 봐 배출권을 '충분히' 발행합니다. 일부 기업들은 앞서 얘기한 REDD 같은 탄소 상쇄를 통해 배출권을 더 얻기도 하는데, 이는 사실상 자신들의 배출량을 숨기는 눈속임입니다.

배출권 가격이 오른다고 해서 기업들이 화석연료를 덜 사용하게 되는 것도 아닙니다. 기업들의 흔한 대응 방법 중 하나는 배출권 부담이 없는 나라로 생산을 외주화하는 것입니다. 유럽 선진국들의 배출량이 줄어든 건 사실은 개발도상국으로 떠넘

겼기 때문이라는 비판이 많습니다(그림 3-5와 3-6).

자본가들은 배출권에 투자하고 이로부터 이자를 받아 갈 수도 있습니다. 그래서 배출권과 그 파생 상품은 세계 금융 시스템의 변동에 휩쓸리게 됐습니다. 이런 요인들 때문에 기업주들은 온실가스 배출을 줄이는 방향으로 일관되게 나아가지 않습니다.

탄소 상쇄든 배출권 거래제든, 운영상 미숙함 때문에 문제가 발생하는 게 아닙니다. 그 제도들의 한계는 1990년대에 처음 제안될 때부터 지적됐습니다. 그럼에도 각국 정부가 그런 조처를 취한 것은 자본주의의 우선순위를 고집했기 때문입니다.

RE100

최근에는 IT 대기업들의 RE100 정책이 주목을 받고 있는데요. 2022년 대선에서 민주당 이재명 후보가 언급해 화제가 되기도 했어요. RE100은 기업들이 자발적으로 나서서 자신이 사용하는 전기를 100퍼센트 재생에너지로 조달하겠다는 캠페인입니다. 애플, 마이크로소프트, 메타 등이 이 캠페인에 참여하

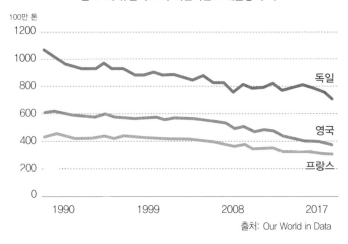

그림 3-5. 유럽 주요국 이산화탄소 배출량 추이

100만 톤

출처: Our World in Data

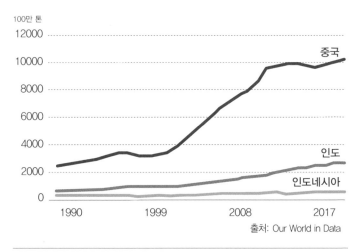

그림 3-6. 아시아 주요 개발도상국 이산화탄소 배출량 추이

100만 톤

출처: Our World in Data

고 있죠.

RE100은 재생에너지 설비를 늘리는 효과는 낼 수 있습니다. 그러나 현재의 화석연료 사용을 줄이는 효과는 없이, 사회 전체의 전기 생산량이 늘어날 뿐입니다. 기후 위기를 멈추려면 지금 가동되고 있는 화력발전소를 폐쇄하는 게 핵심인데 그런 효과는 없는 것입니다.

게다가 IT 산업의 성장은 다른 많은 산업에 영향을 끼칩니다. 전력은 물론이고 데이터 센터 구축을 위한 각종 설비 생산과 물류가 함께 늘어나죠. 스마트폰과 노트북 등의 생산도 늘어납니다. IT 기업들의 성장은 이처럼 화석연료 경제에 크게 의존하고 그로부터 이윤을 얻습니다. IT 기업들은 화석연료 경제에서 이익을 보는 자들이지 기후 운동의 친구가 아닙니다.

가장 큰 문제는 이런 캠페인이 '자발적 감축'이라는 주요 선진국 정부들의 정책을 정당화하기 위한 것이라는 사실입니다. 지난 30년 동안 온실가스 배출을 줄이기는커녕 오히려 늘려온 그 정책들 말이죠.

이윤보다 인간을

선진국 정부들이 허비한 30여 년이라는 시간을 돌아보면서 우리가 얻어야 할 가장 중요한 교훈이 있습니다. 기업들의 이윤보다 인류와 지구의 미래가 더 중요하다는 것, 자본주의의 우선순위를 거스르지 않으면 기후 위기 대응에 실패한다는 것입니다.

자본주의 지도자들이 제시하고 있는 자유 시장 해법으로는 화석연료 인프라를 폐쇄하고 재생에너지 인프라로 교체하는 조처를 취할 수 없습니다. 정말이지, '기후변화가 아니라 체제 변화'가 필요합니다. 우리가 기후 위기 해결을 위해 바꿔야 할 체제, 뒤엎어야 할 체제는 바로 이윤 추구를 최우선에 놓는 자본주의 체제인 것입니다.

기후 톡톡

Q 그래도 자본주의 덕분에 평범한 사람들도 편의를 누리는 것 아닐까요? 기후 위기를 막을 기술도 자본주의여서 나올 수 있는 것 아닐까요? 이전 체제들보다 자본주의가 그나마 낫지 않나요?

A 자본주의 이전의 체제들에 견줘 자본주의 체제에서 더 나은 기술이나 발명품이 나온 것은 사실입니다. 무엇보다 자본주의는 그런 기술들을 활용해 역사상 최초로 인류 전체를 먹여 살릴 수 있는 능력을 갖게 됐습니다. 따라서 이전의 사회체제로 돌아가자는 것은 대안이 될 수 없습니다.

그러나 동시에 자본주의는 그런 능력을 어떻게 쓸지 결정할 권한을 서로 이윤 경쟁을 벌이는 소수의 자본가들이 독점하는 체제입니다. 이런 자본주의의 성립은 결코 자연스러운 것이 아니었고 엄청난 살육과 수탈이 동반됐어요. 그래서 카를 마르크스는 자본주의가 "피와 오물을 뒤집어쓴 채" 태어났다고 지적했습니다.

자본가들은 엄청난 생산 능력을 인류 전체의 미래를 위해서가 아니라 각 자본가들의 이윤 축적을 위해, 그리고 다른 자본가들과의 경쟁에서 이기기 위해 사용합니다. 그 과정에서 환경과 인간의 필요는 뒷전에 놓이는 일이 비일비재하게 벌어지고, 바로 이 때문에 오늘날 기후 위기 같은 대규모 환경 파괴가 벌어집니다. 이런 과정이 더 지속되면 인류 전체를 먹여 살릴 능력 자체도 쇠퇴할 수 있습니다.

따라서 우리는 현재의 기술과 발명품을 인류 전체와 지구의 미래를 위해 사용할 수 있는 새로운 사회를 건설해야 합니다. 그런 사회는 자본주의와는 완전히 다른 원리로 작동하는 사회, 즉 소수 자본가들의 이윤 축적 경쟁을 위해 자원을 활용하는 사회가 아니라 대중의 필요와 생태적 지속 가능성을 위해 자원 활용을 민주적으로 계획하는 사회여야 합니다.

Q 유엔이 나서서 강제력을 가지고 각국 정부를 압박해 환경문제를 해결할 수는 없을까요?

A 자본주의는 기업주들의 이윤 축적 경쟁으로 돌아가는 체제이기도 하지만, 지정학적으로 경쟁하는 국가들의 체제이기도 합니다.

그리고 이 자본주의 국가들은 자국에 기반을 둔 기업들의 이익을 지키는 것을 핵심 임무로 삼고 있죠. 자본주의 국가는 국내에서는 그 기업주들의 지배 체제를 유지하기 위해 경찰 같은 억압 기구와 제도를 갖고 있고, 국제적으로는 자국 기업들의 이익을 지키고 국제적 경쟁에서 자국의 위상을 높이기 위한 무력 수단, 즉 군대를 보유하고 발전시킵니다. 여기에는 돈이 필요하므로 결국 국가와 그 국가에 기반을 둔 기업주들은 상호 의존하는 관계라고 할 수 있어요.

이런 국제 질서 속에서 유엔이 각국 정부에 압박을 가하려면 그 국가들을 뛰어넘는 경제적·군사적 힘을 가져야 할 텐데, 현실은 정반대입니다.

유엔은 중립적 국제기구를 표방하지만 사실은 강대국들의 경제적·군사적 영향력하에 있는 기구입니다. 대표적으로 유엔의 핵심 기구라 할 수 있는 안전보장이사회(안보리)에는 다섯 개 상임이사국이 있는데, 이들 중 한 나라만 거부권을 행사해도 안보리는 어떤 결정도 내릴 수 없습니다.

그리고 이 강대국들이 화석연료 산업에 가장 큰 이해관계가 걸린 국가들이죠. 유엔의 기후 회의가 30년 동안 그 어떤 구속력 있는 합의도 이루지 못한 핵심 이유입니다.

4장

신기술로
기후 위기를
막을 수 있을까?

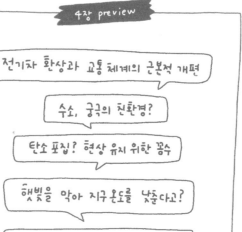

요즘 4차 산업혁명이나 기술 혁신 얘기가 많습니다. 신기술이 기후 위기를 막을 대안이라는 주장도 급부상하고 있고요. 국역·출판된 책 《빌 게이츠, 기후재앙을 피하는 법》(김영사, 2021)이 바로 그런 대안을 주장하는 대표 사례인데, 언론의 찬사 속에 전 세계에서 엄청나게 많이 팔렸습니다. 빌 게이츠는 마이크로소프트의 핵심 기술을 개발해 억만장자가 된 사람이죠. 이런 이력 때문에 그가 기후 재앙을 피하는 법으로 제시한 신기술이 실제로 작동하리라 기대를 모으기도 합니다.

　여기 4장에서는 신기술이 정말 기후 위기를 막을 대안이 될 수 있을지 살펴보려 합니다. 빌 게이츠가 제시한 기술적 해결책들을 포함해서요.

　그 전에 짚고 넘어갈 점이 있는데요. 신기술을 기후 위기의 대안으로 제시하는 사람들이 이미 잘 알려져 있고 정말로 효

과적인 해결책에는 관심이 없다는 사실입니다. 예를 들어, 빌 게이츠는 태양광발전은 효율이 낮고 풍력발전은 너무 넓은 면적을 차지한다고 불평합니다. 그러면서 풍력발전과 태양광발전에 지급하는 정부 보조금을 신기술에 돌려야 한다고 말하죠.

그러나 풍력·태양광·조력 발전은 이미 존재하는 기술이고, 제대로 적용하면 충분한 에너지를 생산할 수 있습니다(그림 4-1). 그런데 왜 빌 게이츠 같은 사람들은 다른 기술을 찾는 걸까요? 풍력·태양광 발전 기술이 기업들과 부자들에게 충분한 수익을 보장하지 못하기 때문입니다. 2022년 LG전자도 적자 사업이라면서 태양광 사업을 청산했습니다.

사실 빌 게이츠가 기후 위기를 해결할 신기술이라고 제시한 것들은 자신 같은 억만장자와 기업이 투자할 만한 사업을 나열

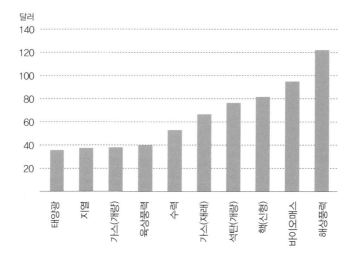

그림 4-1. 에너지원별 발전 단가 전망 (2025년)

출처: 미국 에너지정보청

한 목록입니다. 그는 자본주의의 이윤 경쟁을 더 밀어붙여 기후 문제를 해결할 수 있다고 주장하는 셈이죠. 기술 혁신이 바로 그 경쟁의 수단이고요. 그러나 빌 게이츠가 제시하는 신기술은 억만장자들의 부를 늘릴 수 있을지는 몰라도 기후 위기를 멈추는 데에는 전혀 도움이 되질 않습니다.

이제 기후 위기의 대안으로 제시되는 신기술들, 그중에서도 전기차, 수소에너지, 탄소 포집, 지구 공학에 대해 하나씩 살펴보겠습니다.

전기차 환상과 교통 체계의 근본적 개편

전기차는 요즘 '핫'한 상품이고, 친환경의 대명사처럼 인식되기도 합니다. 물론 자동차에서 배출되는 온실가스를 대폭 줄이는 것은 반드시 필요한 일입니다. 2018년 기준으로 세계 온실가스 배출량 중에서 교통 부문이 차지하는 비중은 무려 16.2 퍼센트입니다. 그중 자동차에서 배출되는 온실가스만 따져도 전체 배출량의 11.9퍼센트나 됩니다(그림 4-2).

그런데 전기차에 쓸 전기를 대부분 화석연료를 태워서 만들고 있다는 것부터 문제입니다. 장거리 화물 운수에서는 전기차가 별 쓸모없다는 문제도 있습니다. 배터리가 워낙 무거운 탓에 화물을 많이 실을 수 없기 때문이죠. 따라서 전기차로는 교통 부문 온실가스 배출량을 제대로 줄이지 못합니다. 무엇보다 자동차와 도로 중심의 교통 체계는 극도로 비효율적입니다. 이동 거리당 온실가스 배출량도 상대적으로 많아요.

교통 부문에서 온실가스를 급격하게 줄이려면 교통 체계를 전면적으로 뜯어고쳐야 합니다. 기차나 지하철 같은 대중교통을 확충해서 자가용 이용 자체를 대폭 줄여야 합니다. 예를 들어, 화성시는 일부 시민에게 버스비를 환급하고 있고, 덴마크

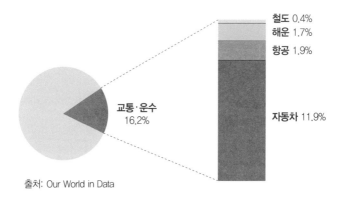

그림 4-2. 교통 부문의 온실가스 배출 (2018년)

철도 0.4%
해운 1.7%
항공 1.9%
자동차 11.9%

교통·운수
16.2%

출처: Our World in Data

코펜하겐은 자전거와 도보를 지원하는 방향으로 꾸준히 도로를 개편해 왔습니다. 버스나 자전거나 도보의 비율을 높여서 온실가스 배출을 줄이려는 정책인데 옳은 방향이라고 생각합니다.

하지만 교통 체계가 대중교통 중심으로 나아가려면 훨씬 더 대대적인 변화가 필요합니다. 전국적인 철도 시설이 잘 갖춰져야 합니다. 장거리 출퇴근 같은 문제도 해소돼야 합니다. 이런 변화는 더 근본적인 사회 변화와 뗄 수 없습니다.

요즘 사람들은 일자리를 찾아 도시로 몰려듭니다. 그러나 집값이 비싸서 교외에 거주하면서 어쩔 수 없이 자가용으로 장거리 출퇴근을 하죠. 이윤이 아니라 사람들의 필요와 생태적 고려에 따라 사회가 운영돼야 합니다. 그래야 밀집된 도시가 해체되고 교통량 자체를 크게 줄일 수 있습니다.

수소, 궁극의 친환경?

수소에너지는 오늘날 한국을 비롯해 미국, 유럽, 일본 등 여러 나라 정부가 큰 관심을 보이는 신기술입니다(그림 4-3). 수소를 사용하면 이산화탄소 등 온실가스가 거의 나오지 않는다는 거죠.

그러나 수소는 자연 상태에서 곧바로 구할 수 없습니다. 다른 물질에서 빼내야 사용할 수 있습니다. 그 추출 과정에서 에너지를 상당히 써야 해요. 국제에너지기구IEA에 따르면, 2020년 전 세계에서 생산된 수소 9000만 톤 가운데 무려 78퍼센트가 천연가스(59퍼센트)와 석탄(19퍼센트)에서 추출한 것입니다. 21퍼센트는 부생 수소라고 하는데, 이것도 화석연료를 정제하는 과정에서 나오는 거예요(그림 4-4). 결국 수소를 1톤 생산할 때마다 이산화탄소가 11톤 이상 배출됩니다.

그림 4-3. 미국과 유럽연합의 수소 시장 확대 계획

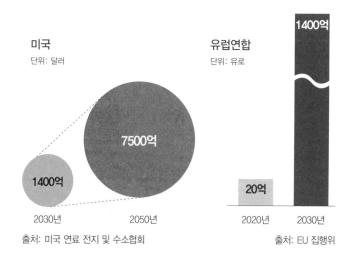

미국
단위: 달러

7500억

1400억

2030년　　　　2050년

출처: 미국 연료 전지 및 수소협회

유럽연합
단위: 유로

1400억

20억

2020년　　2030년

출처: EU 집행위

　천연가스나 석탄 없이, 즉 물을 전기분해해서 수소를 얻는 방법도 있습니다. 하지만 이 방식은 효율이 무척 낮아 전기 에너지의 절반 가까이가 손실됩니다. 에너지 낭비인 것이죠.

　주요국 정부들과 기업들이 수소를 내세우는 진정한 이유는 화석연료 설비를 없애지 않고 계속 사용하기 위해서입니다. 예컨대, 한국 정부는 석탄·천연가스 발전에 수소·암모니아를 섞어 쓰는 기술을 개발하겠다고 했어요. SK나 GS 같은 기업들도 수소 추출을 내세워 천연가스 설비를 계속 가동하려 합니다.

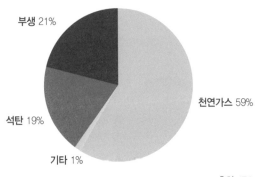

그림 4-4. 수소의 원천 (2020년)

부생 21%

천연가스 59%

석탄 19%

기타 1%

출처: IEA

탄소 포집? 현상 유지 위한 꼼수

주요 선진국 정부들이 해결책이라고 제시하는 또 다른 기술은 '탄소 포집'입니다. 그러나 대기 중 탄소 농도는 매우 옅어서 탄소를 포집하는 것이 대단히 어렵습니다. 아직 실용화 단계에 있는 기술은 없습니다. 현재 탄소 포집 기술은 탄소가 고농도로 배출되는 곳, 그러니까 화력발전소나 공장 등에서만 적용 가능합니다.

하지만 화력발전소에 탄소 포집 기술을 적용하더라도 그 효율은 매우 낮습니다. 효율을 높이려면 더 많은 에너지가 필요한데, 그러면 포집되는 탄소의 양보다 포집에 드는 에너지를 만드느라 배출하는 온실가스 양이 더 많아집니다.

그런데도 정부와 기업들은 탄소 배출 시설의 굴뚝에 탄소 포집 장치만 설치해서 이런 시설들을 계속 사용하겠다고 말하고 있는 것입니다. 기후 위기를 멈추려면, 있지도 않는 기술로 꼼수를 쓸 게 아니라, 탄소 배출 시설들을 당장 폐쇄해야 합니다.

햇빛을 막아 지구 온도를 낮춘다고?

지구 공학이라는 말을 들어 보신 적 있나요? 빌 게이츠는 "대담한 아이디어"라며 이런 연구에 자금을 지원하기도 했습니다. 대표적인 방법 하나는 대기 중에 미세한 입자를 살포하는 것입니다. 햇빛이 지구로 들어오는 것을 줄여 온도를 낮춘다는 극단적인 발상이죠. 햇빛이 생태계 전체에 끼치는 영향 중에서 온도만 고려하는 어리석은 관점이고요.

그런데도, 특히 미국 지배자들이 이런 기술을 가장 내세웁니다. 화석연료 사용을 줄이느니 차라리 지구 생태계를 통째로 바꿔 버리겠다는 태세입니다. 그만큼 화석연료 경제를 지키는

데 필사적인 것입니다.

유엔 기후변화에 관한 정부 간 협의체가 최근 발표한 보고서는 다음과 같이 지적했습니다. "태양 빛 입사량을 조절하는 기술은 아직 제대로 이해되지 않은 새 리스크를 인간과 생태계에 안겨 줄 것이다."

이윤 추구에 종속된 신기술 대안론

지금까지 자본주의 체제의 지배자들이 기후 위기 해결책으로 제시하는 각종 신기술들을 살펴봤습니다. 제가 비판한 신기술 대안론은 기후 위기 대응을 이윤 추구에 종속시키고 있습니다. 그래서 당장 적용 가능하고 효과가 있는 기술은 이윤이 남지 않는다는 이유로 외면한 채 기술 혁신을 외치며 신기루를 좇고 있죠.

지금 지배계급의 주류는 화석연료 자본주의를 부여잡으면서 그 피해를 완화해 줄 기술이 기적적으로 등장하는 데에 도박을 걸고 있습니다. 그 도박에 걸린 판돈은 바로 우리, 인류의 현재와 미래죠. 그런 기술 중에 아직 한 가지가 더 남았는데요.

바로 핵발전입니다. 핵발전은 워낙 중요한 쟁점이어서 다음 5장에서 집중적으로 살펴보겠습니다.

기후 톡톡

Q 전기차로의 전환이 빨라지고 있습니다. 전기차 생산업체인 테슬라는 배터리 기술 향상으로 전기차가 내연기관 자동차보다 저렴해지는 시기가 곧 온다면서 전기차를 연간 1000만 대 생산할 수 있는 '테라팩토리'를 짓는 계획을 내놨습니다. 물론 저는 기업의 호언장담을 믿지는 않지만, 그런 전환이 상당히 빠른 속도로 이뤄질 것이라고는 봅니다. 그러면 단지 승용차뿐 아니라, 트럭, 버스, 택시 모두 내연기관을 사용하지 않는 시대가 올 것입니다.

이런 상황에서 기술 혁신에 전혀 기여하지 못하는 정치인들과 활동가들의 구호가 기후 위기 해결에 얼마나 큰 역할을 할 수 있을지 모르겠네요. 내연기관보다 비용이 저렴하면서도 수요를 모두 받아 낼 만큼 대량생산이 가능한 차량이 나오기 시작하면 게임은 그냥 끝나는 것 아닐까요?

A 전기차 기술은 지구를 더 나은 환경으로 만들어 줄 수도 있지만, 그러지 않을 수도 있습니다. 풍력이나 태양광 같은 재생에너지로 전기를 만든다면 내연기관 자동차를 전기차로 전환하는 것은 온실가스 배출을 줄이는 효과를 내겠죠. 그러나 지금처럼 화석연료를 사용해 전기를 만든다면 더 많은 전기차는 더 많은 화석연료 사용, 더 많은 온실가스 배출, 더 빠른 지구온난화를 뜻할 뿐입니다.

또 지금처럼 거주지와 일터가 멀리 떨어져 있고, 대중교통이 낙후해 저마다 승용차를 타고 다녀야 하는 상황이 계속된다면, 전기차가 사용하는 전기가 화석연료로 만든 것이든 재생에너지로 만든 것이든 간에 엄청난 에너지 낭비가 계속될 것입니다. 그런 식으로는 생태적 지속 가능성을 지키기 어렵습니다.

따라서 기술 개발도 중요하지만, 그 기술을 어떤 목적으로 어떻게 사용할지가 더 근본적인 문제입니다. 그리고 이 문제에 관해서라면 특별한 기술에 관한 지식이 없더라도 사회 구성원 누구나 의견을 가질 수 있습니다.

그러나 지금의 자본주의 사회에서는 그런 의견들을 민주적으로 반영해 생산방식을 결정하지 않고, 소수의 기업주들이 결정합니다. 그들은 에너지 효율과 지속 가능성, 인류의 필요를 최우선으로 여기지 않습니다. 그보다는 가장 많은 이윤을 거둘 수 있는 생산방식을 선택합니다. 재생에너지 생산 비용이 아무리 저렴해져도 화석연료를 계속 사용하는 이유입니다.

따라서 이런 질서에 반대하고 민주적으로 계획하는 경제로의 전환을 요구하는 것은 인류의 필요를 충족하기 위해서도, 지구의 생태적 지속 가능성을 지키기 위해서도 반드시 필요한 일입니다. 그리고 그런 요구를 실현할 사회적 힘을 결속하는 것이 결정적으로 중요합니다.

5장

핵발전이
탈탄소 위한
선택지?

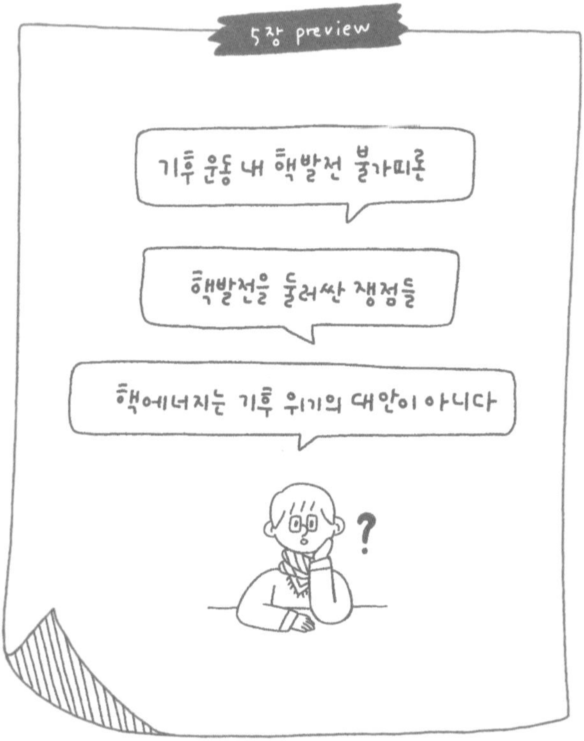
5장 preview
기후 운동 내 핵발전 불가피론
핵발전을 둘러싼 쟁점들
핵에너지는 기후 위기의 대안이 아니다

여기 5장에서는 핵발전이 왜 기후 위기의 대안이 될 수 없는지 살펴볼 텐데요. 기후 위기가 악화할수록 핵발전 활용론이나 불가피론이 확대되고 있어 이 문제는 점점 더 중요해지고 있습니다.

주요 선진국 정부들과 국제기구들은 지난 수십 년 동안 핵발전을 기후 위기의 대안으로 제시해 왔습니다. 핵발전이 온실가스를 배출하지 않고, 재생에너지보다 훨씬 저렴하다는 게 핵심 근거입니다. 또 재생에너지로는 현재의 전력 생산을 모두 대체하는 게 불가능한 반면, 핵발전은 안정적으로 대량의 전력을 공급할 수 있다고 주장합니다.

윤석열 정부도 마찬가지 논리를 앞세워 핵발전을 확대하려 합니다. 우리나라 전체 전력 생산의 23.4퍼센트(2018년)를 차지하는 핵발전 비중을 2036년까지 최대 34.6퍼센트로 늘리겠

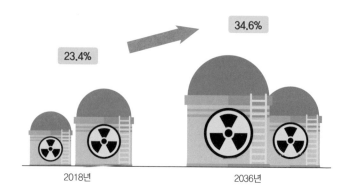

그림 5-1. 윤석열 정부의 핵발전 확대 정책

23.4%

34.6%

2018년

2036년

출처: 제10차 전력수급기본계획

다고 밝혔습니다(그림 5-1). 신한울 3·4호기 건설 계획을 재개하고, 고리 2호기는 수명을 연장해 계속 가동하겠다고 합니다. 윤석열은 재생에너지로 기존의 화력발전소를 대체하는 방식은 비현실적이고 비용만 많이 든다고 주장합니다.

그러나 핵발전이 온실가스를 배출하지 않고, 재생에너지보다 훨씬 저렴하다는 것은 사실이 아닙니다. 재생에너지로 현재의 전력 생산을 모두 대체하는 게 불가능하지도 않고요. 핵발전이 대량의 전력을 공급할 수 있을지는 몰라도, 치명적인 위험이 뒤따르기 때문에 결코 안정적 공급이 보장된다고 할 수 없습니다. 핵발전 활용론자들은 안전하다는 말을 반복해 왔지만, 결코 사실이 아닙니다.

그런데 오늘날 기후 운동에서 핵발전 문제가 중요한 쟁점이 돼 있습니다. 단지 정부들과 국제기구들의 오래된 거짓말 때문만은 아닙니다. 기후 운동 내의 일부 저명 인사들이 하나둘씩 핵발전 활용론을 받아들이면서 커다란 파장을 낳고 있기 때문입니다.

기후 운동 내 핵발전 불가피론

기후 운동 내에서 핵발전 불가피론을 펴는 대표적 인물은 제임스 핸슨입니다. 그는 미국 항공우주국NASA의 연구원으로, 1988년 미국 하원 청문회에 출석해 기후변화가 과학적 사실임을 증언해 유명해진 인물입니다. 이런 인물이 핵발전을 대안으로 지지하고 있으니 그 영향력이 만만치 않습니다.

또 다른 인물로는 마크 라이너스가 있는데요. 그는 《6도의 악몽》(세종서적, 2008)이라는 책으로 유명한 사회운동가입니다. 이 책은 불과 몇 도의 온난화만으로도 지구 환경이 얼마나

그림 5-2. 기후 운동 내 핵발전 불가피론의 한 사례

기후변화는
과학적
사실입니다

(1988년 미국 하원
청문회에서 한 주장)

차세대 핵발전은
기후변화 대응 잠재력이
매우 큽니다

(최근 주장)

제임스 핸슨

달라질 수 있는지 잘 설명합니다. 이 책의 내용을 바탕으로 한국 방송사 KBS가 다큐멘터리를 제작해 큰 반향을 일으키기도 했죠. 그런데 마크 라이너스는 최근에 펴낸 이 책의 개정증보판 《최종 경고: 6도의 멸종》(세종서적, 2022)에서 핵발전을 포기하면 절대 안 된다고 주장했습니다.

기후 운동 내 핵발전 불가피론의 핵심 근거는 기후변화가 가속돼 우리에게 시간이 충분치 않다는 것입니다. 그러니 온실가스 배출을 필사적으로 줄이려면 핵발전에라도 기대야 한다

그림 5-3. 핵발전 불가피론들의 시나리오 (2050년 예상)

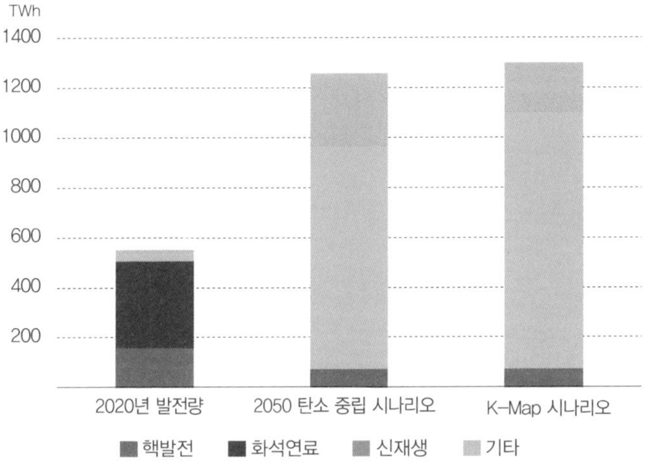

TWh

- 핵발전
- 화석연료
- 신재생
- 기타

출처: 탄소중립위원회 / 녹색전환연구소

는 것입니다.

국내에서도 기후 운동 내 일부 인사들이 비슷한 입장을 보이고 있습니다. 그들은 문재인 정부의 '2050 탄소 중립 시나리오'를 지지했는데요. 이 시나리오에는 2050년 이후로도 상당수의 핵발전소를 계속 가동하는 계획이 포함돼 있습니다. 국내 기후 운동가 중 일부가 발표한 또 다른 시나리오(K-Map 시나리오)에도 핵발전 계획이 포함돼 있어요(그림 5-3). 이것도 사실상 한시적 핵발전 활용이 불가피하다는 입장으로 보입니다.

핵발전 불가피론은 핵발전의 문제점을 과소평가하거나 심지어 지배자들의 핵발전 옹호론에 힘을 실어 주는 효과를 낸다는 점에서 큰 문제입니다. 그러면 기후 위기에 빠르게 대처할 수 있기는커녕 도리어 기후 위기를 멈추기 위해 필요한 조처들을 뒤로 미루거나 부정하게 됩니다.

핵발전을 둘러싼 쟁점들

① 핵발전은 온실가스를 배출하지 않는다?

이제 핵발전이 왜 기후 위기의 대안이 될 수 없는지 그 이유를 하나씩 살펴보겠습니다. 우선, 핵발전에서 온실가스가 배출되지 않는다는 것은 사실이 아닙니다.

국제원자력기구IAEA, 그러니까 핵발전 확대에 걸린 이해관계가 가장 큰 국제기구조차 핵발전이 1킬로와트시의 전력을 생산할 때마다 35그램의 탄소를 배출한다고 인정합니다. 발전소를 짓고, 원료인 우라늄을 채굴·농축·운반하는 과정에서 온실가스가 배출되기 때문이죠.

유엔 기후변화에 관한 정부 간 협의체는 국제원자력기구가

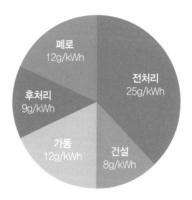

그림 5-4. 핵발전의 온실가스 배출량

출처: 벤저민 K 소버쿨 외

인정한 것보다 더 많은 탄소가 배출된다고 주장합니다. 1킬로와트시당 최대 110그램까지 배출한다는데요. 이는 재생에너지로 전기를 생산할 때 예상되는 온실가스 배출량의 10배나 되는 수치입니다. 믿을 만한 일부 연구자들은 핵발전이 육상 풍력발전보다 최대 37배나 많은 온실가스를 배출한다고 지적합니다.

② 핵발전이 재생에너지보다 저렴하다?

핵발전의 경제성은 발전 비용에 무엇을 포함하느냐에 따라 크게 달라집니다. 수십만 년 동안 보관해야 하는 폐기물 처리 비용을 포함하면 핵발전 비용은 사실상 무한대가 됩니다. 반대로, 방사성물질이야 어찌 되든 쓰고 버리면 된다고 생각하면? 상당히 저렴해지죠. 그렇게 한 치 앞도 못 보는 사람들이 있냐고요? 네, 있습니다. 그래서 월성 1호기의 경제성 평가를 두고 공방이 벌어졌죠.

한국 에너지경제연구원의 연구 결과로는 핵발전이 가장 저렴한 에너지원으로 평가받았지만, 미국과 유럽 정부 산하 기관들은 핵발전이 가장 비싼 에너지원 중 하나라고 발표했습니다.

③ 재생에너지로 대체하는 건 불가능하다?

윤석열 정부는 기후변화에 대응해야 하지만, 재생에너지로 기존 전력을 완전히 대체하는 것은 불가능하다고 합니다.

하지만 그렇지 않습니다. 산업통상자원부가 발표한 《2020년 신재생에너지 백서》를 보면, 2020년 국내 재생에너지의 시장 잠재량은 태양 에너지와 풍력 에너지만 따져도 연간 853테라와트시나 됩니다. 이것은 같은 해 전체 전력 판매량인 509테라와트시를 한참 상회하는 양입니다. 기술적으로 가능한 잠재량까지 더하면 스무 배가 넘습니다(그림 5-5).

그림 5-5. 재생에너지의 잠재력

태양광, 태양열, 풍력만 포함시켜 계산함

509TWh
2020년
전력 판매량

853TWh
시장
잠재량

11,255TWh
기술적
잠재량

139,613TWh
이론적
잠재량

출처: 산업통상자원부

④ 핵발전이 재생에너지보다 안정적이다?

재생에너지가 바람과 햇빛의 변동에 영향을 받는 것은 사실입니다. 그러나 많은 연구자들은 재생에너지 설비를 대폭 늘리고 광범한 지역에 걸쳐 전력망을 연결하면 공급 안정성이 크게 높아진다고 지적합니다. 일부 지역에 햇빛이 안 들거나 바람이 멈추는 일은 있어도, 한 대륙 전체나 지구 전체에 걸쳐 그런 일이 일어나지는 않기 때문이죠.

반면, 핵발전은 이만한 안정성이 없습니다. 지진해일 같은 자연재해는 물론 단순한 실수로도 핵발전소가 마비될 수 있고,

그림 5-6. 끔찍한 핵발전소 사고들

1986년 소련 체르노빌 핵발전소 사고

2011년 일본 후쿠시마 핵발전소 사고

그렇게 되면 사실상 복구가 불가능합니다. 2011년 일본 후쿠시마 핵발전소 사고와 1986년 소련 체르노빌 핵발전소 사고가 이를 똑똑히 보여 줬죠.

2022년 3월 우리나라 동해안 일대에서 일어난 산불도 하마터면 엄청난 사고로 이어질 뻔했는데요. 울진 핵발전소의 냉각 장치에 공급되던 전력이 불 때문에 부분 차단됐기 때문입니다. 발전소 측은 만일의 사태에 대비해 출력을 절반 가까이 낮추기도 했습니다. 기후 위기의 시대에 이런 문제는 갈수록 심각해질 겁니다.

⑤ 안전한 핵은 없다

역사상 가장 큰 핵발전소 사고는 1986년 소련 체르노빌 핵발전소 사고입니다. 제2차세계대전 와중에 미국이 일본 히로시마에 투하한 핵폭탄의 400배에 달하는 방사성물질이 대기로 방출됐습니다. 한 연구에 따르면, 이 사고의 영향으로 3만 5000명에서 15만 명이 목숨을 잃었습니다.

그로부터 25년 뒤인 2011년에는 일본 후쿠시마 핵발전소 사고가 났죠. 일본 정부는 10년도 더 지난 지금까지도 핵발전소 노심에 물을 퍼붓는 것 말고는 할 수 있는 일이 없습니다. 접근

하면 죽는다는 간단한 사실 때문입니다. 앞으로도 수십 년은 그런 상태일 거고요. 게다가 일본은 이 방사능 오염수를 방류할 계획인데, 이는 환경에 엄청난 악영향을 끼칠 것입니다.

평상시 핵발전소에서 나오는 방사선은 안전하다는 말도 새빨간 거짓말입니다. 정부와 국제기구가 정한 '방사선 허용 선량線量'은 안전 기준이 아닙니다. 핵무기와 핵발전소를 운용하려면 피할 수 없는 수치를 나타내는 것일 뿐입니다.

핵에 관해서는 미국 국립과학아카데미의 연구 결과가 세계적 권위를 인정받고 있는데요. 과학아카데미는 히로시마와 나가사키의 피폭자 12만 명을 조사해 2006년에 발표한 보고서에서 다음과 같이 결론 내렸습니다. '안전한 핵은 없다.'

⑥ 소형모듈핵발전

요즘 언론에 소형모듈핵발전SMR이라는 말이 많이 나옵니다. 빌 게이츠가 주도해 개발하고 있는 기술인데요. 윤석열 정부도 소형모듈핵발전 개발 지원에 달려들려 합니다.

소형모듈핵발전은 말은 무성하지만 사실 아직 개발이 완료되지 않았습니다. 핵 산업계조차 안전성을 보장할 수 없다고 평가하고 있습니다. 그런데도 주요 선진국 정부와 기업주들은 이 기술의 개발에 매달리고 있어요. 특히 소형모듈핵발전이 핵 추진 잠수함이나 핵 추진 항공모함 개발에 꼭 필요한 기술이기 때문입니다.

빌 게이츠 같은 자본가들은 최장 60년 동안 보수하지 않고도 사용할 수 있는 소형 핵발전소를 개발하고 있는데요. 이 기술을 강대국들에 팔아 돈을 벌려고 하는 것입니다.

이처럼 소형모듈핵발전은 그 목적부터 효과에 이르기까지 기후 위기 대응과는 아무 관계가 없습니다. 기후 위기 대응을 핑계로 이런 기술을 개발하는 데에 자원과 시간을 쏟는 것은 정신 나간 일입니다.

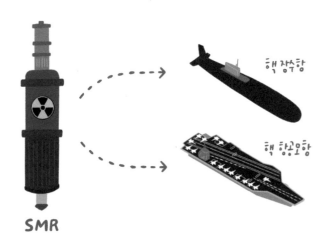

핵에너지는 기후 위기의 대안이 아니다

기후 운동은 일관되게 핵발전에 반대해야 합니다. 시간이 부족하다면서 핵발전 불가피론을 수용하는 것은 위험합니다. 그러면 지배자들은 한층 자신감을 갖고 핵발전 확대 정책을 밀어붙일 것입니다. 이것은 기후 위기 대응에서 멀어지고 시간만 낭비하는 길입니다. 후쿠시마 핵발전소 사고 이후 잠시 주춤했던 전 세계 핵발전소 증가 추세는 지난 10년 사이에 이미 원래대로 돌아왔습니다.

핵발전은 어떤 경우에도 평범한 사람들을 위한 대안이 될 수 없습니다. 한시적 활용론이 아니라 즉각 폐쇄를 요구하고, 핵발전소 노동자들에게는 대안적 일자리를 보장하라고 요구해야 합니다. 그럴 때에만 핵발전과 핵무기의 위협과 고통에 시달려 온 수많은 사람들과 함께 공동의 적, 즉 기후 위기와 핵 위기를 낳는 체제의 지배자들에 맞서 단결해 싸울 수 있습니다.

기후 톡톡

Q 저는 결국에는 풍력이나 태양광 중심으로 전환해야 한다고 생각하지만, 당분간은 핵발전이 상당한 역할을 해야 한다고 봅니다. 그런데 핵발전의 위험성은 너무 과장돼 있는 듯합니다.

체르노빌 핵발전소 사고로 3만 5000명에서 15만 명이 목숨을 잃었다고 하셨는데, 제가 아는 정보는 다릅니다. 세계보건기구 등 유엔 산하 8개 기관, 국제원자력기구, 벨로루시·러시아·우크라이나로 구성된 '체르노빌 포럼'이 2005년에 발표한 보고서는 사고 처리 작업자와 고농도 오염 지역 주민의 사망자 수가 4000명이라고 발표했습니다.

이듬해인 2006년에 세계보건기구가 대상 지역을 넓혀 조사한 결과 사망자 예측치는 9000명이라고 했지만, 그래도 15만 명이라는 수치와는 차이가 큽니다.

A 말씀하신 2005년 보고서는 신뢰도를 크게 의심받고 있습니다. 국제원자력기구는 전 세계 핵발전소 건설을 주도하는 기관입니다. 비유하자면, 가습기 살균제가 안전하다는 연구 보고서를 그 제조사가 만드는 것과 비슷한 상황입니다.

세계보건기구가 당시 연구에 참여했던 것으로 알려져 있지만 세계보건기구도 국제원자력기구의 입장을 거스르지 못하는 처지에 있습니다. 세계보건기구는 1959년에는 핵에너지 이용이 건강에 미치는 효과를 연구하지 못하도록 하는 약정을 국제원자력기구와 체결하기도 했죠.

그보다는 체르노빌 사고의 낙진 피해를 입은 스웨덴이나 영국 등의 연구 결과들이 좀 더 믿을 만합니다. 그 연구들조차 제약이 있지만(곧이곧대로 말했다가는 자국 핵발전의 위험성을 경고하는 꼴이 되기 때문이죠), 하나같이 수십 년에 걸쳐 커다란 피해가 생겼다는 사실을 인정합니다.

방사성물질은 안전하기는커녕 현존하는 가장 위험한 물질입니다. 그 위험성과 암 발생에 끼치는 영향 등은 의학 교과서에서도 잘 다루고 있으므로 참고해 보셔도 좋을 것 같습니다.

물론 대다수 사람들은 굳이 그런 내용을 찾아보지 않더라도 체르노빌과 후쿠시마를 사람이 살 만한 곳으로 여기지는 않겠지만요.

또 핵무기의 공포는 단지 그 폭발력에만 있는 것이 아닙니다. 제2차세계대전 중에 히로시마에 떨어진 핵폭탄의 방사성물질 낙진으로 얼마나 많은 사람들이 고통받았는지는 한국인들도 잘 알고 있으니까요.

Q 재생에너지로의 전면 전환이 정말 가능할까요? 첫째, 재생에너지는 날씨 영향을 많이 받기 때문에 발전량이 들쭉날쭉할 것 같습니다. 둘째, 그 때문에 사실상 섬나라인 한국에서는 전력을 충분히 생산할 수 없을 것입니다. 셋째, 재생에너지 발전 시설을 위한 재료를 만드는 데 화석연료가 쓰이고 그 폐기물도 재활용을 할 수 없어 매립 말고는 다른 방법이 없습니다. 또 풍력발전은 소음 문제가 있고, 태양광발전은 홍수 피해를 키우는 문제도 있습니다.

A 재생에너지의 효율이나 환경 영향에 대한 일부 정책 결정자, 기업주, 보수 언론의 비판은 과장된 경우가 많습니다. 태양광발전 설비를 가장 많이 설치한 나라 중 하나인 독일은 한국보다 일조량이 훨씬 적습니다. 심지어 영국도 한국보다는 태양광을 많이 사용하고 있어요.

이 나라들의 전력 문제에 관한 소식들은 빈국들이 겪는 에너지 부족 문제 같은 게 아닙니다. 말씀하신 간헐성이 문제가 되는 경우가 있지만 전문가들은 대부분 재생에너지 비중을 더 높이고 전력 소비가 많은 산업의 가동 시간을 조정하면 그 문제도 어렵지 않게 해결할 수 있다고 지적합니다.

소음과 홍수는 재생에너지 설비를 부적절한 곳에 부실 시공한 결과이지 재생에너지 자체의 문제가 아닙니다. 사람들에게 불편을 끼치지 않고 재생에너지 설비를 건설할 장소는 충분히 많이 있습니다. 에너지 기업들이 이윤을 고려하느라 그런 장소를 선택하지 않을 뿐입니다. 정부가 '착한 적자'를 감수하고 재생에너지 설비를 건설한다면 더 효과적일 것입니다.

재생에너지 발전 시설을 짓는 데에도 지금으로서는 화석연료가 사용되는 게 사실입니다. 그럼에도 화석연료 발전 설비나 핵발전소를 짓는 과정에서 배출되는 온실가스보다는 훨씬 적습니다. 발전 설비가 대부분 재생에너지로 대체되고 수송과 기계 작동이 전기화되면 온실가스 배출량은 극적으로 줄어들 것입니다.

재생에너지 설비의 폐기물을 재활용할 수 없다는 건 사실이 아닙니다. 이윤이 남지 않으므로 그냥 폐기하는 것입니다. 이

역시 정부가 나서서 투자하면 훨씬 효과적일 것입니다. 반면에 핵폐기물은 정부가 나서도 대책이 없습니다. 플루토늄239의 반감기는 2만 4000년이 넘고 그것을 안전하게 보관할 방법도 현재로서는 없습니다.

재생에너지로 대체하려면 비용이 많이 드는 것은 사실입니다. 지역에 따라 자연조건이 다르다는 걸 고려하면 한국에서는 비용이 조금 더 들 수도 있겠죠. 그런데 정부가 그 비용을 감당하는 건 불가능한 일이 아닙니다. 한국 정부는 매년 국방비로만 50조 원 넘게 지출하고 있어요. 사람 죽이는 무기를 구입하고 개발하는 데에 쓰는 그 돈이면 10년 안에 현재 국내에서 사용되는 전력량을 100퍼센트 재생에너지로 대체할 수 있습니다. 그 과정에서 일자리도 엄청나게 늘어날 것입니다.

결국 돈이 없는 게 아니라 무엇을 우선하느냐가 문제인 것입니다.

한국이 다른 나라와 전력을 연결해서 교환하는 것은 기술적으로 어려운 일이 아닙니다. 해저로 케이블을 연결하는 기술은 이미 19세기부터 이용해 왔고 한국의 섬 제주도도 그렇게 육지와 전력을 교환하고 있습니다. 심지어 정부도 주변국과 전력망을 공유하는 계획을 세운 적이 있습니다.

그럼에도 국가들 사이의 경쟁과 분쟁이 이런 에너지 공유를 가로막는 것은 현실입니다. 그래서 저는 기후 위기를 멈추려면, 이처럼 세계가 경제적·지정학적으로 경쟁하는 국가들로 나뉘어 있는 질서를 허물어야 한다고 생각합니다.

Q 일본이 후쿠시마 핵발전소의 오염수를 바다에 방류하는 것에 대한 국제원자력기구와 미국의 태도가 궁금합니다.

일본 정부는 국제원자력기구와 원활히 협력하고 있음을 보여 주려 하고 있고, 미국도 핵발전소 오염수를 방류하는 것에 크게 반대하지 않는 듯한데, 그 맥락이 이해되지 않습니다. 해양으로 방류된 오염수는 결국은 태평양을 넘어 전체 바다와 지구를 파괴할 것이 명백하니까요.

또, 윤석열 정부도 일본 정부의 핵 오염수 방류를 두둔하는데, 왜 이러는 걸까요? 미국 주도의 중국 견제를 위한 것일까요?

A 국제원자력기구는 오늘날에는 핵에너지를 군사적 목적으로 이용하는 것을 막는 기구로 알려져 있지만 그 설립의 본래 취지는 핵의 "평화적 목적의 이용을 장려"하기 위한 것입니다. 사실상 핵발전 보급 기구 같은 거예요.

핵무기 원료 제조 공장과 다름없는 핵발전소의 보급을 장려

한다는 발상이 왜 나온 것인지는 김종철 전《녹색평론》발행인이 날카롭게 지적하신 바 있습니다. 꼭 기억할 가치가 있는 말씀입니다.

1953년에 [미국 대통령] 아이젠하워가 '평화를 위한 원자력'을 제창했을 때, 그것은 미국의 핵무기 양산 체제의 조건을 조성하기 위한 것이었[다.] …

미국 정부와 군부는 핵무기 대량 제조에 요구되는 예산 확보를 위해서 핵기술이 전력 생산이라는 평화적 목적으로도 이용될 수 있다는 논리를 펼 필요가 있었던 것이다. 게다가, 핵연료 사이클을 통해서 발전용 원자로는 핵무기 재료의 풍부한 공급원이 될 수 있었다.

오늘날 여러 국가들이 원전을 운영·확대하고자 기를 쓰는 것은 결코 전력 수요를 충족하려는 목적을 위해서가 아니다. 그것은 기본적으로 핵무기를 확보하고자 하는 국가주의적·군사적 야망에 기인한다고 할 수 있다.

그러니 국제원자력기구가 후쿠시마 핵발전소 사고를 덮는 데에 협조하는 것은 어찌 보면 너무 당연한 일입니다. 게다가 미국의 입장에서 보면 설사 오염수 방류가 환경 파괴를 낳을 것이 걱정되더라도, 동아시아에서 핵심 동맹국인 일본의 협력을 얻는 게 더욱 중요해진 지금, 일본을 편드는 것이 더 필요하다고 여기겠죠(지적하신 것처럼 미국은 가장 핵심적으로는 중국을, 최근에는 러시아도 견제해야 하는 처지입니다). 미국과 일본, 그리고 한국 윤석열 정부도 동아시아에서의 동맹 강화를 위해 후쿠시마 핵발전소 오염수 방류 결정을 서로 지지하거나 묵인하기로 결정한 것으로 보입니다.

이것은 평범한 사람들의 안전보다는 제국주의적 패권을 위한 정부 간 협력이 더 중요하다는 논리입니다. 기후 위기뿐 아니라 이런 정신 나간 짓을 막기 위해서도 자본주의 체제와 제국주의 논리에 정면으로 도전해야 합니다.

Q 최근에 미국에서 핵융합에 성공했다는 보도를 봤습니다. 핵융합 발전에 대해선 어떻게 생각하시나요?

A 현재 운영되는 핵발전소에서는 핵분열 기술이 사용되고 있는데, 이것이 아니라 핵융합 기술을 이용해 전기를 생산하겠다는 구상이 핵융합 발전입니다. 저는 일반적으로 기술 개발이

나 과학 연구 자체를 반대할 수는 없다고 생각합니다. 기술이나 과학 자체가 아니라 그것을 이용하는 방식에 문제가 있는 경우가 대부분이기 때문이죠. 다만 핵융합 기술의 실용화(또는 발전) 시도는 문제가 크다고 생각합니다.

첫째, 핵융합 과정에서 나오는 엄청난 에너지를 통제할 기술이 발전돼 있지 않아요. 마치 브레이크 기술이 개발되기 전에 자동차를 만드는 격이라고 할 수 있죠. 핵분열 반응 자체도 가까스로(결코 완전치 않습니다) 통제하는 수준인 마당에 핵융합 실용화는 갈 길이 한참 멉니다.

빌 게이츠처럼 핵에너지에 열광하는 억만장자조차 핵융합 기술이 실용화되려면 "앞으로 40년 남았다고 하지만 40년 뒤에도 또 40년 남았다고 할 것"이라고 말한 바 있습니다. 어쩌면 완전히 획기적인 과학 이론이 나올 때까지 불가능할지도 모르겠습니다. 이 점에서 지금 가동되는 여러 핵융합 연구 시설들은 어마어마한 잠재적 위험성을 안고 있다고 생각합니다.

둘째, 인류 전체로 보면 당장에는 핵융합 기술이 필요치 않습니다. 재생에너지의 잠재력은 인류 전체가 넉넉히 사용할 수 있을 만큼 충분하기 때문이죠. 재생에너지에는 투자하지 않으면서 핵융합 연구에 천문학적인 예산을 투자하는 것은 다른 의도가 있기 때문이라고 봅니다. 소위 '수소폭탄'으로 알려진 핵융합폭탄은 핵분열 반응을 이용하는 폭탄보다 파괴력이 훨씬 크다고 알려져 있어요. 즉, 군사적 야망과 지정학적 이해관계가 작동한 결과라고 봅니다.

6장

그린 뉴딜과
정의로운 전환

5장까지는 주로 자본주의 체제의 지배자들이 기후 위기에 어떻게 대처하려 하는지, 그런 시도들이 왜 거듭 실패하고 더 많은 문제를 양산할 뿐인지 살펴봤습니다. 6장부터는 우리 기후 운동이 추구해야 할 방향과 운동 내 쟁점들을 다룹니다. 첫째로, 그린 뉴딜과 정의로운 전환에 대해 얘기해 보려 합니다.

　최근 주요 선진국 정부들은 기후 위기를 멈추기 위해 노력하는 것처럼 보이려 애씁니다. 이것은 분명 2019년 이후 전 세계에서 분출한 기후 운동이 거둔 성과입니다.

　그러나 그들은 기후 운동에서 제기되는 요구들을 수용하는 척하며 말만 번지르르하게 할 뿐 결국 알맹이 없는 꾀죄죄한 정책을 내놓곤 합니다. 유럽연합의 '유럽 그린 딜'이나 한국 정부의 '한국판 뉴딜'이 대표적입니다. 파리협정이나 한국의 탄소중립기본법에는 '정의로운 전환'이라는 표현도 담겼습니다.

파리협정(2015년)

이 협정의 당사자는 "기후변화에 관한 국제연합 기본 협약(이하 "협약"이라 한다)"의 당사자로서 ⋯ 노동력의 **정의로운 전환**과 좋은 일자리 및 양질의 직업 창출이 매우 필요함을 고려하며 ⋯

한국 탄소중립기본법(2021년)

제1장 총칙 제2조(정의) 13. **"정의로운 선환"**이란 탄소중립 사회로 이행하는 과정에서 ⋯ 정책방향을 말한다.

그러나 그들이 실제로 추진하는 정책들을 보면, '그린 뉴딜'이
나 '정의로운 전환' 같은 이름과는 전혀 어울리지 않습니다. 기
존에 추진하던 시장 기반 정책들에 미미한 재생에너지 투자와
형식적인 재취업 지원 정책을 버무린 수준이죠. 정의롭기는커
녕 고통 전가도 여전합니다. 그래서 《기후 위기와 글로벌 그린
뉴딜》(현암사, 2021)의 공저자 로버트 폴린은 "유럽연합은 화석
연료 업계에 유럽 그린 딜을 지나치게 걱정하지 않아도 된다는
메시지를 전달하려고 하는 것 같다"고 꼬집었습니다.

그린 뉴딜 요구의 의의와 모순

사실 그린 뉴딜은 지배자들이 추구해 온 엉터리 해법들에
맞서 그 대안으로 제기됐습니다. 그린 뉴딜 정책은 전 세계적
으로 인기를 얻었고, 국내에서도 정의당과 녹색당이 2020년
총선을 앞두고 채택한 바 있습니다.

특히 2020년 미국 대선에서 버니 샌더스가 그린 뉴딜 정
책을 내놓으면서 세계적인 이목을 끌었습니다. 버니 샌더스는
2016년부터 '민주사회주의'라는 구호를 내세워 미국의 진보적

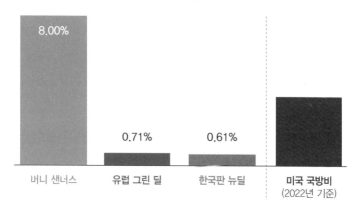

그림 6-1. 여러 그린 뉴딜 정책의 예산(연간) 규모 비교 (단위: GDP 대비 퍼센트)

청년과 노동자들의 큰 지지를 받은 정치인입니다.

버니 샌더스는 기후 위기를 제때 멈추려면 어떤 조처가 필요한지 제시했는데요. 10년 동안 16조 달러(약 2경 원)의 재정을 투입해 2030년까지 미국의 전력과 수송 부문 에너지를 100퍼센트 재생에너지로 전환하겠다고 했습니다(그림 6-1). 미국이 제2차세계대전 당시 불과 3년 만에 나라 경제 전체를 개조한 것을 본보기 삼겠다고 했죠.

샌더스의 그린 뉴딜은 기후 위기 대책일 뿐 아니라 불평등 완화 대책이기도 했습니다. 에너지 전환 과정에서 일자리 2000만 개를 만들고, 노동자들이 해고되거나 소득이 감소하지 않도록 지원하는 내용도 약속했습니다.

샌더스의 비전은 기후 위기 대응을 회피하거나 그 부담을 노동자들에게 전가하는 주류 지배자들의 태도와는 극명히 대조됩니다. 동시에, 환경 파괴를 막으려면 대중의 생활수준 하락이 불가피하다고 여기는 일부 생태주의자들의 주장에 견줘서도 훨씬 진보적이죠.

그러나 그린 뉴딜 정책에는 모순이 있는데요. 그린 뉴딜이 모종의 정부 주도 경제성장 정책이어서 생기는 모순입니다. '뉴딜'이라는 이름은 원래 1930년대 미국 정부가 대불황을 타개하기 위해 추진한 정책에서 따온 거죠.

그린 뉴딜 주창자들은 그린 뉴딜이 경제에도 이득이라면서 자본주의적 성장과 조화시키려 했습니다. 예를 들어 《글로벌 그린 뉴딜》(민음사, 2020)의 저자 제러미 리프킨은 다음과 같이 말합니다. "어느 정부든 시장을 따라야 한다. … 새로운 탄소 제로 3차 산업혁명의 규모 증대를 주도하는 정부는 앞서서 나아가게 될 것이다." 그러나 1~5장에서 살펴봤듯이, 이윤 논리를 인정한다면 기후 위기 대응에 단호하게 자원을 투여하기는 힘들 것입니다. 경제 위기 시기에는 더더욱 그렇죠.

실제로 지배계급 주류는 그린 뉴딜을 수용하지 않았습니다.

그들은 그린 뉴딜이 자신들의 부와 권력, 그리고 자본주의 체제의 안정성 자체를 위협할 수도 있다고 여겼죠. 그래서 미국 대통령 바이든은 말로라도 그린 뉴딜을 지지하지 않았습니다.

그런데도 버니 샌더스는 바이든을 지지하며 경선을 포기해 엄청나게 많은 사람들을 실망시켰습니다. 샌더스는 미국의 주류 자본가 정당인 민주당을 통해 그린 뉴딜 등 진보적 정책을 추진하려는 전망에 따라 그런 선택을 했어요. 그러나 그 결과,

바이든을 압박하기는커녕 오히려 기후 운동의 지도자들이 바이든의 보수적인 기후 정책에 만족하라는 압력을 받는 처지가 됐습니다.

주류 자본가 정당에 의지하지 않고 그린 뉴딜을 주장하는 정당이 직접 집권으로 나아간다면 어떨까요? 그리스의 좌파적 개혁주의 정당 시리자가 바로 그런 사례인데요. 그 경험을 돌아보도록 하겠습니다.

그리스 시리자의 경험과 교훈

시리자는 유럽연합의 가혹한 긴축정책에 맞선 광범한 저항 속에서 2015년에 집권했습니다. 선거 과정에서 시리자는 긴축정책을 중단하고 20년 안에 화석연료와 결별하겠다고 약속했습니다.

그러나 집권 이후 시리자는 유럽연합·유럽중앙은행·국제통화기금의 압박에 굴복해 긴축을 강행했습니다. 마찬가지로, 화석연료와 결별하기는커녕 초대형 석탄 화력발전소 두 개의 건설을 승인했습니다. 수많은 사람들이 환멸을 느꼈고 시리자는

4년 뒤 실각하고 우파 정당에 정권을 내줬습니다.

양상은 서로 조금씩 다르지만 비슷한 일이 역사적으로 수없이 반복됐습니다.

개혁주의 정당은 개혁을 시도하지만 성공하지 못합니다. 개혁주의 정당이 집권하더라도 자본주의 체제의 진정한 권력은 선출되지 않은 자들, 즉 기업주, 군 장성, 고위 관료, 사법부, 경찰 등에 있기 때문입니다. 개혁주의 정당은 이들 진정한 권력자들의 저항에 부딪혀 후퇴하거나, 위기가 심각할 때는 무력으로 제거되기도 합니다.

그런 뉴딜 같은 조처들이 실행되도록 하려면, 이윤 논리를 인정하고 자본주의 국가 안으로 들어가는 길을 택해서는 안 됩니다. 그것은 버니 샌더스와 시리자의 사례에서 봤듯이, 오히려 자본주의와 그 지배자들의 포로가 되는 길입니다. 아래로부터의 운동을 강력하게 키우고 그 힘으로 권력자들을 강제하려 해야 합니다.

그렇게 강력한 힘을 발휘하려면 기후 운동의 저변을 확대해야 합니다. 특히 노동계급이 이 운동에 참여하도록 해야 합니다. 노동자들은 다른 사회집단이 갖지 못하는 막강한 힘을 가지고 있는데요. 바로 체제의 지배자들이 가장 중요하게 여기는

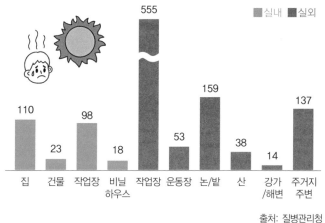

그림 6-2. 발생 장소별 온열 질환 건수 (2021년 한국)

실내 ■실외

555

159

137

110

98

53

38

23

18

14

집　건물　작업장　비닐　작업장　운동장　논/밭　산　강가　주거지
　　　　　　　하우스　　　　　　　　　　　　　/해변　주변

출처: 질병관리청

이윤 창출 자체를 멈출 수 있는 힘이죠.

　노동계급의 참여라는 말은 단지 노동조합이나 그 대표자들의 참여만을 뜻하는 것이 아닙니다. 광범한 노동자들이 이 운동에 참여하도록 해야 한다는 뜻입니다. 노동계급은 기후 위기의 가장 큰 피해자이기도 하기 때문에(그림 6-2), 얼마든지 가능한 일입니다. 지금부터 얘기할 정의로운 전환은 노동자 대중이 기후 운동에 참여하는 통로가 될 수 있습니다.

정의로운 전환: 선택 아니라 필수

한국 정부는 기후 위기에 대응한다며 석탄 발전소 폐쇄를 추진해 왔습니다. 실제로는 석탄 발전소와 LNG 발전소를 새로 짓고 있기 때문에, 잘 쳐줘도 조삼모사이지만 말입니다. 그런데 지금 계획대로라면 석탄 발전소에서 일하는 노동자 4911명이 일자리를 잃게 된다고 합니다(그림 6-3). 비정규직 노동자 중 일부는 이미 2021년부터 해고되기 시작했어요.

정부의 실제 정책은 기후 위기 대응에는 조삼모사 수준이면서 애꿎은 노동자들만 희생시키는 것입니다. 이런 방식은 정의롭지 못할 뿐 아니라 여러 반대에 부딪혀 제대로 추진되기도 어렵습니다.

노동자들이 일자리를 지키려 하는 것은 너무나 당연하고 이해되는 일입니다. 특히 한국처럼 복지가 취약한 나라에서 해고는 곧 죽음을 뜻하니까요. 기후 운동은 이런 처지를 이해하면서 노동자들의 일자리와 생활수준을 지킬 수 있는 조처들을 위해 함께 투쟁해야 합니다.

예를 들어, 화력발전소 노동자들을 재생에너지 산업 일자리로 이전시키고, 이를 위한 재교육을 제공하고, 이전 기간 중 생

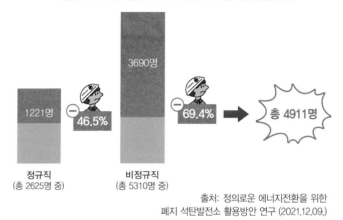

그림 6-3. 석탄 발전소 폐쇄 계획으로 줄어드는 일자리

1221명
정규직
(총 2625명 중)

46.5%

3690명
비정규직
(총 5310명 중)

69.4%

총 4911명

출처: 정의로운 에너지전환을 위한
폐지 석탄발전소 활용방안 연구 (2021.12.09.)

계가 위협받지 않도록 지원하라고 요구하면서 말입니다. 노동
자들의 일자리 지키기 요구를 '환경을 뒷전으로 보는 자기 밥
그릇 지키기'로 여긴다면, 노동자들을 이반시켜 기후 위기 대응
자체에도 성공할 수 없을 것입니다.

가뜩이나 미흡한 수준의 석탄 발전소 폐쇄에도 반대하는 지
배계급의 일부는 일자리 문제를 들먹이며 여론의 지지를 얻어
내려 합니다. 예를 들어, 얼마 전 국내 석탄·가스 발전 사업자
들은 토론회를 주최해 급격한 탈탄소가 일자리 감소로 이어질
수 있다며 탄소 감축 속도를 늦춰야 한다고 주장했습니다. 마

치 노동자들의 삶에 관심이나 있다는 듯이 말입니다. 사실은 화석연료 자본주의 유지에 목매는 것이면서요.

그러나 노동자들은 화석연료 자본주의를 유지하는 데에 아무 이해관계도 미련도 없습니다. 그린피스 등이 해외 석유 노동자들을 대상으로 조사를 해 보니, 정부가 제대로 된 재교육을 제공한다면 재생에너지 산업으로 직장을 옮기겠다는 노동자가 절반을 넘었습니다. 이 노동자들은 안정된 일자리와 소득을 바랄 뿐 화석연료 산업에는 어떤 미련도 없다고 답했습니다(그림 6-4).

그린피스는 2021년에 한국 자동차 산업 노동자를 대상으로도 설문 조사를 했는데요. 응답자의 82.1퍼센트가 전기차로의 전면 전환을 지지했고, 심지어 정부 목표보다 시기를 앞당겨야 한다는 의견도 63.5퍼센트나 됐습니다(그림 6-5).

기후 위기 대응이 환경이냐 일자리냐 양자택일처럼 추진될 때, 일부 노동조합들은 화석연료 사용을 줄이는 조처에 반대하기도 합니다. 하지만 이것은 노동자들이 모두 기후 위기 대응에 반대함을 뜻하는 것도 아니고, 그런 입장이 변화 불가능한 것도 결코 아닙니다. 노동자들에게 희생을 강요하는 게 아니라 기후 위기 대응의 필요와 노동자들의 삶을 지키는 요구를 결합한다면, 노동자들은 기후 위기 대응을 위한 투쟁에 나설 수 있습니다.

그림 6-4. 에너지 전환에 대한 석유 노동자들의 인식 (해외)

Q. 정부가 이직을 위한 교육을 제공한다면 어느 분야에 관심 있나요?

출처: 그린피스

Q. 석유와 가스 산업이 아닌 다른 곳으로 이직할 의향이 있습니까?

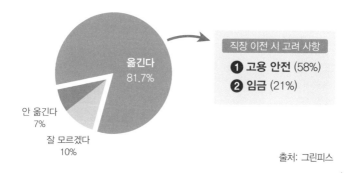

출처: 그린피스

그림 6-5. 전기차로의 전환에 대한 자동차 노동자들의 인식 (국내)

Q. 전기차로의 전면 전환에 대해 어떻게 생각하나요?

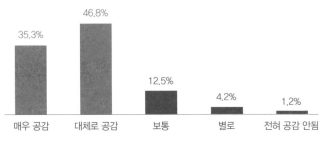

출처: 그린피스

Q. 전기차로의 전면 전환 시점은 언제가 좋을까요?

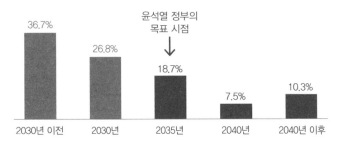

출처: 그린피스

노사 협력으로 정의로운 전환이 가능할까?

그런데 정의로운 전환을 요구하는 운동 내에도 그 내용과 방법을 둘러싸고 이견이 있습니다. 적잖은 환경 엔지오, 노조, 좌파 정당은 '녹색 경제'로의 순탄한 전환이 가능하다고 여기면서 사회적 대화나 경영참가로 정의로운 전환을 이루자고 주장합니다.

가령, 금속노조는 전기차 생산과 투자를 늘리면 기후 위기 대응에도 이롭고 기업 경쟁력에도 이롭다고 주장합니다. "회사의 미래를 위해서라도 기술 발전과 기후 위기가 촉진하고 있는 산업 전환 위기에 능동적으로 대응해야" 한다고요(《2021년 금속노조 동일 요구안》).

내연기관을 전기화하는 것은 당연히 필요합니다. 그러나 이윤을 위한 전기차 생산은 환경에도, 노동자에게도 이로울 수 없습니다. 기업들은 화석연료를 사용해서 만들든 아니든 저렴한 전기를 원할 뿐이고, 전환 속도도 조절하고자 합니다. 또 '효율'을 위한다며 노동자들을 해고하고 조건을 악화시키려 하죠.

이런 엄연한 현실을 무시한 채 기업주와의 협력을 통해 정의로운 전환을 이룰 수 있다고 여기며 경영참가나 사회적 대화에 주안점을 둔다면, 오히려 노동자들을 수동화시켜 그 대응력을 약화시킬 수 있습니다.

정의로운 전환이 부분적이라도 시행되게 하는 것은 결코 쉬운 일이 아닙니다. 그렇게 하려면, 앞서 그린 뉴딜에 관한 논의에서 살펴본 것처럼 막대한 재원이 필요하고 기업주들이 양보하도록 강제해야 합니다. 또 정의로운 전환이 전면적으로 이뤄지려면, 사회가 이윤이 아니라 인간의 필요에 기초해 운영되도록 근본적으로 변화시켜야 할 것입니다.

이런 변화가 과연 가능할까요? 바로 다음 7장에서 이 문제를 살펴보려 합니다. 노동자들이 기후 위기의 공범이라는 기후 운동 일각의 편견이 왜 잘못인지 살펴보고, 실제로 노동자들이 자신들의 삶을 지키는 과정에서 환경 파괴에도 맞선 사례들을 소개하려 합니다. 오늘날 기후 운동에 노동자들이 동참하도록 하는 것이 얼마나 중요한지, 그렇게 되려면 어떻게 해야 하는지 얘기해 보겠습니다.

기후 톡톡

Q 재생에너지로 전환하는 데에 필요한 돈과 기술은 이미 충분하다는 말을 많이 듣습니다. 그런데 우리나라든 다른 나라든 탄소를 줄인다는 말만 하고 실제로는 탄소 배출량은 계속 늘어나고 있어 답답합니다. 왜 정부들은 탄소 배출을 줄이지 않는 걸까요?

A 사회 전체의 부를 어떻게 사용할 것인지의 문제인데요. 자본주의 사회에서 그 결정권은 소수의 기업주들에게 있습니다. 현대, 삼성, GS, SK 등 민간 기업은 물론이고 정부 산하의 공기업에서도 그 사용처를 정하는 것은 극소수의 사람들입니다. 그들은 인류 전체의 미래나 지구 생태계의 지속 가능성보다 자기 기업의 이윤을 더 중시하죠.

값싸고 이미 기반 시설이 갖춰져 있는 화석연료가 아니라 재생에너지에서 필요한 에너지를 얻으려 하면 더 많은 비용이 들고 그만큼 이윤이 줄어든다는 게 그들의 셈법입니다. 사회 전체로는 장기적으로 비용을 줄이는 결과일지라도, 기업주들은 사회 전체나 먼 미래보다 자기 기업, 그것도 당장 다음 분기나 이듬해의 성과를 더 중시하죠. 그러지 않으면 도태되고 망하는 게 자본주의의 법칙이니까요. 그래서 생색만 낼 뿐 재생에너지에 충분히 투자하지 않아요.

각국 정부 역시 평범한 사람들의 미래보다 이런 기업들의 이윤을 훨씬 중시합니다. 자본주의 국가의 계급적 성격 때문입니다. 그 정부가 기업주들에 기반을 둔 정부일 때에는 이 점이 더욱 노골적입니다. 심지어 노동계 정당이 집권하더라도 국가의 다른 부분들이 기업주들의 이익과 자본주의 질서를 지키려 하므로 운신의 폭은 극도로 협소합니다. 노동계 정당들이 집권한 뒤 결국 노동자들을 배신한 역사가 숱하게 반복됐습니다.

이를 벗어나려 할 때 어떤 일이 벌어질지는 1973년 칠레 아옌데 정권이 무너진 경험에서 확인할 수 있습니다. 아옌데는 칠레 대중의 광범한 지지를 받으며 선출됐고, 집권 초기에는 미국 기업 소유의 구리 광산을 국유화하기도 했습니다. 그러나 피노체트 장군이 이끄는 칠레 군부가 쿠데타를 일으키고 미국의 도움을 얻어 칠레 사람들 수천 명을 학살하고 체제를 '정상화'했습니다.

선거를 통한 집권보다 체제 자체에 도전하는 대중운동 건설이 중요한 이유입니다. 시리자의 경험에서 보듯 체제 내에서 집권하는 방식으로는 사회 전체는 고사하고 자본주의 국가도 개조하지 못합니다. 아래로부터의 대중운동은 자본주의 작동 원리 자체에 도전하고 완전히 새로운 국가와 사회를 건설하는 방향으로 나아가야 합니다. 즉, 사회혁명이 필요합니다. 그럴 때에만 기후 위기를 멈출 만큼 거대하고 급진적인 사회 변화가 가능할 것입니다.

Q 자동차 기업 하나만 놓고 보면, 사용자에게 전기차로의 전환 비용을 부담하라고 요구하며 노동자의 일자리를 보장할 수 있을 것 같습니다. 그러나 기후 위기를 막으려면 사회 전체가 자동차 중심에서 벗어난 대중교통 체계로 가야 합니다. 과연 이런 주장으로 자동차 산업에서 일하는 노동자들을 설득할 수 있을까요?

A 자동차 산업에서 일하는 노동자들은 대중교통 체계를 만드는 일을 할 수도 있습니다. 버스와 기차, 트램 같은 운송 수

단들을 만들 수도 있고, 그런 대중교통에 필요한 인프라인 철도와 도로 등을 건설하고 설계하는 일을 할 수도 있죠. 더 많은 운송 수단이 전기화되려면 더 많은 재생에너지 설비가 필요할 테니 그런 분야에서 일할 수도 있습니다.

여러 조사 결과를 봐도 노동자들은 충분한 임금과 고용 안정성만 보장된다면 사회적으로 더 좋은 평가를 받는 일자리를 갖고 싶어 합니다. 전기차를 조립하느냐 내연기관을 조립하느냐는 일자리 선택에서 핵심 고려 사항이 아닌 것이죠. 그런 전환 과정을 이윤 논리에 따라 운영되는 기업에 맡겨 두면 안 되고 정부가 나서서 재원을 투입해야 합니다. 물론 그것의 현실성 여부는 전반적인 사회 변화 과정과 맞물릴 것입니다.

7장

노동계급은 기후 위기의 공범인가?

7장에서는 노동계급이 기후 위기의 공범인지, 과연 해결자가 될 수 있는지, 이런 문제를 다루려 합니다.

　환경 운동 내에서는 '환경문제는 계급을 초월한 문제'라는 견해가 오랫동안 지배적이었습니다. 즉, 자본가냐 노동자냐 하는 구분은 무의미하고 인류 모두가 지구적 환경 위기에 책임이 있다는 것이죠. 그래서 오염 산업에 종사하는 노동자들을 환경 파괴의 공범으로 여기기도 했습니다. 이런 관점은 오랫동안 환경 운동과 노동운동이 반목하게 만들었습니다.

　오늘날 기후 운동 내에서 이런 관점은 도전받고 있는데요. 기후 정의라는 구호가 광범한 지지를 받고 있는 현실이 이를 보여 줍니다. 1장에서 살펴봤듯이, 기후 정의는 기후 위기의 주된 책임이 선진국과 기업주에게 있고 이들이 빈국과 노동자를 지원하는 방식으로 기후 위기에 대처해야 한다는 주장입니다.

2007년 유엔 기후변화에 관한 정부 간 협의체의 라젠드라 파차우리 의장은 "[기후 위기의] 가장 큰 피해를 보는 사람들은 세계에서 가장 가난한 사람들이며 여기에는 부유한 나라의 가난한 사람들도 포함된다"고 말했습니다.

이런 변화는 기후 위기의 피해가 사회적 약자에게 집중되는 현실을 경험하면서 일어난 것입니다. 2000년대에 벌어진 대안 세계화 운동도 이런 변화에 한몫했습니다. 이 운동 속에서 많은 사람들은 기업 세계화에 맞서 적색(노동운동)과 녹색(환경운동)이 단결해야 하고 그럴 수 있다고 생각하게 됐습니다.

그림 7-1. 모든 개개인을 향한 정부의 캠페인

출처: 대한민국 정책브리핑

소비자로서 책임?

그럼에도 환경 운동 내에는 노동자들에게도 환경 위기의 책임이 있다는 생각이 여전히 꽤 있습니다. 기업주들과 같은 수준은 아니라지만 말이죠.

먼저, 노동자들이 소비자로서 온실가스 배출에 일정한 책임이 있다는 주장이 있습니다. 영국의 환경 운동가이고 영국 녹색당 공동의장을 지낸 조녀선 포릿은 "모든 개인이 자기 탄소 발자국에 책임이 있다"고 주장합니다. 노동자들 개개인의 소비를 문제 삼는 것이죠.

그러나 평범한 노동자들에게는 선택의 여지가 거의 없습니다. 예를 들어, 가정용 전기 소비를 줄이려면 효율적인 가전제품과 단열이 잘되는 집이 필요합니다. 물론 최근 들어 에너지 효율이 높은 가전제품이 늘고 있다는 보도가 나오고 있습니다. 이는 좋은 변화이지만, 에너지 효율이 높은 제품은 여전히 적고 대체로는 대형입니다.

2022년 12월 한국에너지공단이 발표한 자료에서 냉장고 항목만 보더라도 알 수 있습니다. 우리나라에서 판매되는 냉장고 전체 4347종 중에서 에너지 소비 효율이 1등급인 제품은 949

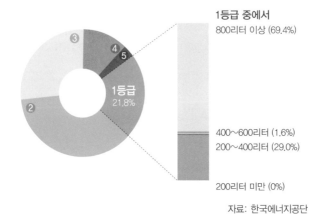

그림 7-2. 가전제품의 낮은 에너지 효율 (냉장고의 경우, 2022년)

1등급 중에서
800리터 이상 (69.4%)

③

④
⑤

1등급
21.8%

②

400~600리터 (1.6%)
200~400리터 (29.0%)

200리터 미만 (0%)

자료: 한국에너지공단

종으로 전체의 21.8퍼센트에 지나지 않습니다. 에너지 소비 효율 1등급 냉장고 중에서 69.4퍼센트인 659종은 800리터 이상의 대형 냉장고입니다. 200~400리터의 소형 냉장고는 29퍼센트를 차지하고 200리터 미만은 단 하나도 없습니다(그림 7-2). 또 같은 용량이어도 에너지 소비 효율이 높은 제품일수록 비쌉니다. 다른 가전제품도 마찬가지죠.

이런 상황이 뜻하는 바는 무엇일까요? 물론 냉장고 같은 가전제품의 용량이 작아질수록 효율이 나빠지는 것은 어느 정도는 불가피한 일이기는 합니다. 그럼에도 정부가 가전제품의 에

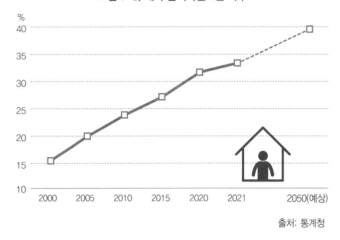

그림 7-3. 계속 늘어나는 1인 가구

출처: 통계청

너지 효율을 높이도록 기업들을 강제하지 않고 단순히 시장에 내맡기는 상황은 여러 문제를 낳습니다. 기업들이 이윤이 많은 부분에 투자할 뿐 늘어나는 1인 가구나 저소득층을 위한 소형 가전제품 효율 개선 투자를 게을리하기 때문이죠.

기업주들은 비싸게 팔 수 있는 대형 가전제품 중심으로만 에너지 소비 효율을 높이고 있습니다. 반면, 평범한 노동자 가정은 가격 부담 때문에 에너지 효율이 낮은 제품을 구입할 가능성이 큽니다. 이들의 소득이 제한적이므로 기업들은 효율 개선 비용을 가격에 반영하기 어렵다고 여겨 투자를 게을리합니다.

특히 1인 가구에게는 선택의 폭이 훨씬 더 제한적인데요. 혼자 살더라도 냉장고 같은 필수 가전제품을 갖춰야 합니다. 그래서 한 연구 결과를 보면, 가구원 1명당 탄소 배출량은 1인 가구가 3인 가구의 3.7배입니다. 그런데 우리나라에서 1인 가구의 비중은 계속 늘고 있으니(그림 7-3), 소형 가전제품의 에너지 효율이 낮은 것은 문제입니다.

이처럼 노동자들의 소비를 문제 삼는 방식은 온실가스 감축에 효과적이지 않습니다. 평범한 사람들의 소비 패턴이 아니라, 이윤을 좇는 기업과 정부의 투자 결정이 문제의 원인입니다.

화석연료 산업의 수혜자?

화석연료 기업에 고용돼 일하는 노동자들이 그 산업의 수혜자이고 그 산업의 유지에 이해관계가 있다고 생각하는 사람들이 많습니다. 발전소 폐쇄로 일자리를 잃게 되는 노동자들이 저항하면 '기득권 지키기'로 여기며 곱지 않은 시선을 보내기도 합니다.

그러나 화석연료 산업의 노동자들은 고되게 노동하며 화석연료 자본가들에게 착취당하는 처지이지, 자본가들과 이윤을 나누는 사이가 아닙니다. 석탄 발전소 비정규직 노동자들의 열악한 처지는 2018년 태안 화력발전소 김용균 노동자의 죽음으로 잘 알려졌죠. 정규직 노동자들도 어떤 허위의식을 가졌든 아니든 관계없이 객관적 처지가 사용자들과는 근본적으로 다릅니다.

6장에서 소개한 그린피스의 설문 조사 결과(그림 6-4와 6-5)를 보면, 노동자들은 안정된 일자리와 소득 보장을 바랄 뿐 화석연료 산업에 미련이 없습니다. 이윤과 권력을 위해 화석연료 산업을 지키려는 자본가계급과는 다른 것이죠.

노동자들의 소박한 바람을 기득권 지키기로 여기며 옹호하지 않는다면 노동자들을 화석연료 산업 지키기 쪽으로 떠미는 격이 될 것입니다.

노동자들이
기후 위기 해결을 위해 싸울 수 있을까?

물론 노동자들이 일자리와 노동조건 문제를 넘어서 기후 위기나 환경문제 해결을 위해 나서는 것이 쉬운 일은 아닙니다. 노동자들은 작업장 쟁점을 놓고서만 파업처럼 이윤을 위협하는 힘을 사용해야 한다는 압력을 받습니다.

그럼에도 국제 노동운동의 역사를 보면 노동자들이 환경문제를 해결하기 위해 집단적 투쟁에 나선 경험이 있고, 여기서 우리가 배울 점이 많습니다. 언제 어떤 노동자들이 그런 투쟁을 했고 그런 투쟁은 어떻게 가능했을까요?

먼저, 아주 유명한 사례인 1970년대 호주의 그린 밴 운동을 살펴 보고 그다음 2018년 프랑스에서 벌어진 노란 조끼 운동을 살펴보겠습니다.

호주 그린 밴 운동과 잭 먼디

1971년부터 1974년까지 호주 건설연맹 뉴사우스웨일스 지부의 노동자들은 고급 아파트와 빌딩을 지으려고 녹지를 파괴하는, 무려 30억 달러가 넘는 개발 프로젝트들에 맞서 지역 주민들과 함께 투쟁했습니다. 이 건설 노동자들은 파업 같은 노동 계급 고유의 힘을 사용했고 개발 사업 수십 건을 막아 냈습니다(그림 7-4).

노동자들이 그린 밴 운동에 나설 수 있었던 것은 그 전에 벌어진 작업장 투쟁에서 연달아 승리해 자신감이 높았기 때문입니다. 특히 미숙련 노동자 임금을 인상하라고 요구하며 벌인 비공인 파업이 크게 승리했어요. 노동자들은 이런 자신감을 바탕으로 환경을 위한 투쟁에서도 파업이라는 무기를 들 수 있었습니다.

작업장 투쟁과 환경 파괴에 맞선 투쟁이 저절로 연결된 것은 아니었습니다. 당시의 경제 호황은 유리한 조건이었지만, 더 결정적인 요인은 급진적인 정치 지도력이었습니다.

잭 먼디를 비롯한 당시 현장 지부 지도부는 1960년대 후반에 벌어진 세계적인 정치적 급진화(1968년 반란)에 영향을 받은 인물들이었습니다. 그들은 노동조합 민주주의를 구현하고 베트남전쟁 반대 운동, 여성 차별 반대 운동, 성소수자와 이주민 권리를 위한 투쟁에도 조합원들을 동참시키려고 애썼습니다. 예를 들어, 1973년에 호주 건설연맹 뉴사우스웨일스 지부는 매쿼리대학교 당국의 성소수자 차별에 항의해 대학 건물의

그림 7-4. 호주 그린 밴 운동 (1971~1974년)
아래 지도의 초록색 점이 그린 밴 운동이 전개된 지역

건축·보수 작업을 중단했습니다.

이런 노력은 현장 노동자들이 정치적 문제에 관심을 기울이며 관련 투쟁에서도 자신들의 산업적 힘을 발휘할 수 있도록 하는 데에서 결정적인 구실을 했습니다.

2018년 프랑스 노란 조끼 운동

불과 몇 해 전인 2018년에 프랑스에서 벌어진 노란 조끼 운동도 주목해 볼 사례입니다. 이 운동은 환경문제를 개선하려고 시작된 운동도 아니었고 노동조합이 시작한 운동도 아니었습니다. 하지만 기후 운동과 연대하고 조직 노동자들에게 영향을 끼치면서 결국 승리를 거뒀습니다.

당시 프랑스 마크롱 정부는 기후변화와 대기오염에 대처한다며 유류세를 대폭 인상했습니다. 반대로 부유세는 대폭 인하했죠. 이 조처로 트럭·택시 운전 노동자들이 큰 타격을 받았는데요. 이들이 SNS로 시위를 호소하면서 수십만 명 규모의 시위가 벌어졌습니다.

집값이 비싸 교외에 살면서 파리 시내까지 승용차로 출퇴근하는 청년 노동자들도 유류세 인상의 피해자였고 이 시위에 대거 참가했습니다. 30만 명이 도로를 봉쇄하기도 했어요. 마

그림 7-5. 프랑스 노란 조끼 운동 (2018년)

왼쪽 조끼에 "[소득 감소로 인한] 이번 달의 끝 [기후 위기로 인한] 세계의 끝, 같은 원인 같은 투쟁"이라고 적혀 있다.

크롱은 어쩔 수 없이 3주 만에 양보했습니다. 유류세 인상안을 철회했고 파리 교외와 시내를 잇는 대중교통을 개선하겠다고 약속했습니다.

처음에 마크롱 정부는 시위 참가자들을 기후 위기 대응에 반대하는 우파로 매도하려 했습니다. 노동조합 지도자들도 이러저러한 이유를 대며 노란 조끼 운동을 지지하기를 꺼렸고요.

그러나 노란 조끼 운동의 활동가들은 노동조합 기층 활동가들에게 직접 지지를 호소하고, 프랑스 전역에서 열린 기후 행진에도 참가했습니다. 자신들이 기후 위기 대응에 반대하는 것이 아님을 분명히 하며 지지를 호소했습니다. 노란 조끼 운동의 참가자들은 노동자 소득이 감소하는 원인과 기후 위기의 원인은 동일하다며 유류세 인상 반대 운동과 기후 운동은 같은 투쟁이라고 주장했습니다.

결국 많은 평범한 노동자들이 노란 조끼 운동을 지지했고, 프랑스 최대 노조인 노동총동맹CGT이 총파업을 선언하게 됐죠. 이런 연대 확대를 통해 노란 조끼 운동은 성과를 거둘 수 있었습니다.

기후 운동과 노동계급의 힘

이미 노동자들은 기후 위기의 피해에 맞서, 또 위선적인 기후 대책의 희생 강요에 맞서 투쟁에 나서고 있습니다. 얼핏 보기에 이런 노동자들의 요구는 기후 위기 대응과는 엇나가는 것처럼 보일 수도 있습니다. 유류세 인상 반대라는 노란 조끼 운동의 요구가 그랬던 것처럼요.

그러나 노동자들에게 부담을 떠넘기는 조처가 부당할 뿐 아니라 기후 위기 해결에도 도움이 되지 않는다는 사실을 분명히 인식한다면, 노동자들의 투쟁에 지지를 보내며 더 나은 대책을 요구하는 운동으로 그들과 함께 나아갈 수 있습니다.

크고 작은 투쟁 속에서 조직력과 자신감을 키운 노동자들은 기후 위기 대응과 더 커다란 사회 변화를 위한 투쟁에 나설 수 있습니다.

노동계급은 기후 위기의 다른 피해자들과 달리 피해에 맞서 집단적으로 싸울 수 있을 뿐 아니라 기후 위기를 낳는 체제에 맞서 더 폭넓은 사회 변화를 이룰 잠재력이 있는 집단입니다.

그림 7-6. 사측에 폭염 대책을 요구하는 택배 노동자

노동자들은 자본주의 사회에서 하는 구실 때문에 사회를 변화시킬 힘이 있습니다. 바로 자본가들이 노동계급에게 의존해 이윤을 얻는다는 것이죠. 이 때문에 노동자들은 기후 위기의 공범으로 오해받기도 하지만 기후 위기를 낳는 체제 자체를 변화시킬 힘이 있는 것입니다.

역사를 보면 노동계급이 체제에 맞서 싸운 때가 있음을 알 수 있는데요. 파리 코뮌, 러시아혁명, 그리고 최근의 이집트 혁명 등이 그런 사례입니다. 그런 혁명 속에서 노동자들은 사회를 새롭게 조직하기 위한 기구를 만들었습니다. 바로 여기에 지속 가능한 세계를 실현할 잠재력이 있습니다. 이런 기구, 즉 노동자 권력은 이윤이 아니라 평범한 사람들과 환경을 위해 생산을 민주적으로 계획할 것이기 때문입니다. 이것이 자본주의의 환경 파괴에 맞설 진정한 대안인 것입니다.

진정한 쟁점은 투쟁이 일어날 것이냐가 아닙니다. 기후 위기 대응과 노동자 투쟁의 결합이 저절로 이뤄지지는 않는다는 것입니다. 비록 소수일지라도, 투쟁하는 노동자들을 지지하며 환경 운동과 결합하도록 애쓰는 사람들이 필요합니다. 그런 사람들은, 운동을 키우고 노동자들의 자신감을 북돋으려면 지배자들이 유포하는 분열적 사상에 도전하며 폭넓은 연대를 건설하는 것이 핵심적으로 중요하다는 것을 알아야 합니다.

더 나아가 자본주의는 지속 불가능한 체제이고 체제 변화가 필요하다는 것, 즉 생산이 민주적으로 계획되는 체제로의 변화가 필요하다는 것을 알아야 합니다.

기후 톡톡

Q 오래된 경유차 소유자에게는 환경개선부담금을 부과하는데요. 이렇게라도 해서 탄소나 환경오염 물질이 배출되는 걸 줄여 나가야 하지 않을까요?

A 그런 부담금은 이미 부과되고 있지만, 오염 물질 배출을 줄이는 데에 거의 기여하는 바가 없습니다. 오래된 경유차 소유자가 대부분 오래된 경유차를 특별히 좋아해서 타고 다니는 게 아니기 때문이죠. 더 나은 선택지가 있다면 바꿨을 것입니다. 특히 생계 유지를 위해 운송업에 종사하는 노동자들의 경우에는 선택의 여지가 거의 없습니다. 이들에게 더 많은 비용을 부담하도록 하는 것은 이들을 고통스럽게 만들 뿐 화석연료 이용을 줄이는 데에는 아무 효과가 없습니다.

내연기관 차량 생산 자체를 금지하고, 친환경 운송 수단으로의 전환에 필요한 비용은 그동안 환경 파괴로 거대한 이윤을 거둬 온 기업주와 부자가 부담하도록 해야 합니다. 정부가 그런 조처를 취하라고 요구해야 합니다.

Q 체제 변화가 필요하다는 주장에 공감합니다. 하지만 그에 걸맞은 사람들의 의식 변화도 필요해 보이는데요. 그만한 의식 변화는 어떻게 가능할까요?

A 어떤 사람들은 체제를 바꾸려면 그 전에 사람들의 의식이 바뀌어야 한다고 생각합니다. 그렇게 보면 사실 체제를 바꾸는 것은 정말로 먼 미래 일이거나 심지어 불가능한 일로 여겨질 거예요. 자본주의의 논리를 따라야 살아남을 수 있는 사회에서 어떻게 인구의 대다수가 자본주의 체제 자체를 거부할 수 있을까요.

실제로 우리가 만나는 노동자들은 대부분 혁명적이지도 반자본주의적이지도 않습니다. 우파 정당에 투표하는 노동자도 많습니다.

그럼에도 혁명은 끊임없이 일어났습니다. 혁명은 혁명적 의식을 갖춘 노동자가 인구의 다수를 차지하게 돼서 시작되는 게 아니기 때문입니다. 혁명은 사회적 모순과 갈등이 심각한 상황에서 벌어지는, 어찌 보면 별것 아닌 투쟁에서 자생적으로 시작됩니다.

20세기에는 물론이고 2011년에 이집트에서 2019년에 수단에서 혁명이 일어났습니다. 독재자를 몰아낸 수단 혁명은 경제 불황과 권위주의 정권의 부패에 대한 대중의 분노가 켜켜이 쌓인 상황에서, 급격한 식료품 가격 인상에 반대해 벌어진 시위가 혁명으로 발전한 사례입니다.

이런 혁명적 투쟁 과정에서 노동자 대중은 자신들의 집단적 힘을 자각하기 때문에 오랜 편견과 환상을 스스로 떨쳐 내고 혁명적 의식을 발전시킬 수 있습니다. 마르크스는 1845년에 쓴 글에서 그 과정을 다음과 같이 요약했습니다.

그러므로 이 혁명이 꼭 필요한 이유는 지배계급을 전복할 다른 방법이 없을 뿐 아니라, 지배계급을 전복하는 계급은 오직 혁명을 통해서만 낡은 사회의 오물을 털어 버리고 새 사회에 맞게 스스로 변화할 수 있기 때문이다.

이 과정이 완성되려면 혁명이 최종적으로 완전히 다른 사회를 건설하는 데에까지 나아가야 합니다(수단 혁명은 거기까지 나아가지는 못했습니다). 그러려면 혁명이 필연적으로 겪게 될 꾸불꾸불한 길을 헤쳐 나갈 수 있도록 도울 사람들이 미리 조직돼 있어야 합니다. 혁명을 반대하는 세력들, 기업주들, 군 장성들은 모든 자원과 조직을 동원해 혁명을 막고 파괴하려 애쓸 것이기 때문이죠.

8장

자본주의
농축산업과
채식 논쟁

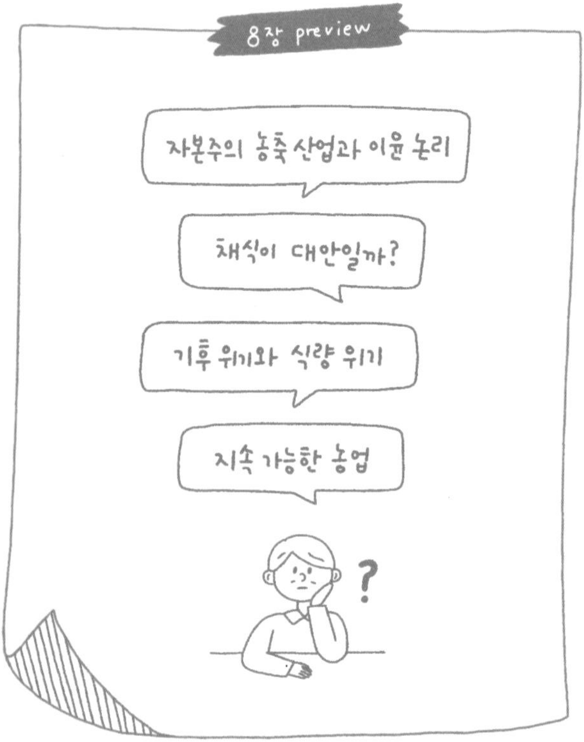
8장 preview
자본주의 농축 산업과 이윤 논리
채식이 대안일까?
기후 위기와 식량 위기
지속 가능한 농업

여기 8장에서는 자본주의적 농축산업이 기후 위기와 환경에 끼치는 영향에 관해 얘기하려고 합니다. 농축산업은 역사상 가장 오래된 산업이고, 인간과 자연의 상호작용이 가장 직접적으로 이뤄지는 분야입니다. 그래서 농축산업에서 벌어지는 일은 인간과 자연의 현재 관계가 어떤지를 단적으로 보여 줍니다.

　먼저, 오늘날 농축산업이 갈수록 기후 위기를 가속하는 중요 요인이 되고 있음을 지적해야 할 것 같습니다. 왜 그럴까요? 첫째, 가축 사료와 바이오연료를 만들기 위한 작물 재배가 확대되고 있기 때문입니다. 예를 들어, 2011년 미국에서 소비된 옥수수의 42.7퍼센트가 사료 생산에, 44.7퍼센트가 에탄올 생산에 투입됐습니다. 식용으로 쓰인 옥수수는 12.3퍼센트에 불과했습니다(그림 8-1). 그런데 유엔 식량농업기구는 2021년에 발표한 보고서에서 세계 기아 인구가 8억 1000만 명에 이른다

그림 8-1. 옥수수의 쓰임 (2011년 미국)

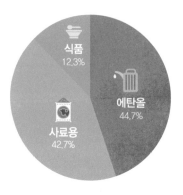

자료: 《나라경제》 2012년 10월호

고 발표했어요. 즉, 자본주의적 농업은 인간의 필요도 외면하고 환경도 파괴하는 방식으로, 오직 이윤을 위해 곡물을 생산하고 있는 것입니다.

둘째, 오늘날 농업은 삼림 파괴의 주요 원인입니다. 2000~2012년에 파괴된 열대우림의 71퍼센트는 그 원인이 경작을 위한 벌목이었습니다. 2019~2022년 브라질에서 집권한 우파 대통령 보우소나루는 거대 농축산 기업들에 토지를 제공하려고 아마존 열대우림을 파괴했습니다. 이는 범죄적 행위라고 할 만합니다(그림 8-2). 삼림 파괴는 그 자체로 온실가스를 배출하는 행위이자 탄소 흡수원을 줄이는 일이기도 합니다. 또 지금 우리가 겪고 있는 코로나 팬데믹의 핵심 원인이기도 합니다.

셋째, 산업화된 현대 농업은 화석연료 사용에 의존합니다. 비료와 농약을 생산하는 데에 어마어마한 양의 화석연료가 투입됩니다. 농업과 관련된 난방과 급수, 수확과 수송 등에서도 마찬가지입니다(그림 8-3).

자본주의 농축산업과 이윤 논리

오늘날 농축산업이 환경에 끼치는 문제로 온실가스 문제만 있는 것은 아닙니다. 가령, 온실가스 배출량만 따지면 여러 양계 방식 중에 공장형 양계장이 단위 생산량당 온실가스 배출량은 가장 적습니다. 그러나 공장형 양계장은 잔인하고 비위생적이며 새로운 감염병의 발원지가 되고 있습니다. 공장형 축산은 중단돼야 하고 이를 대체할 효과적인 농법이 개발돼야 합니다.

농축산업의 본질은 생명체를 성장시키는 것입니다. 그래서 농축산업은 본질적으로 자연 자체가 작동하는 방식과 속도에 크게 의존합니다.

그림 8-2. 브라질 아마존 삼림 파괴 면적

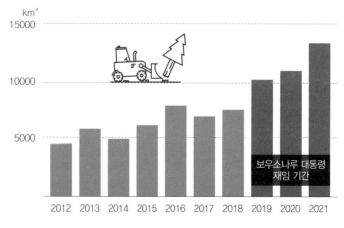

출처: MONGABAY.COM

그림 8-3. 화석연료에 의존하는 현대 농업

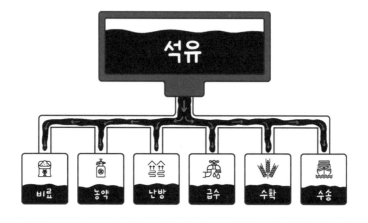

그러나 자본주의에서 발전해 온 농축산업 기술들은 이윤 축적을 위해 자연 자체의 작동 방식과 속도를 무시하고, 그 결과 자연을 대규모로 파괴합니다. 자본주의적 농법은 농축산업의 기반 자체를 붕괴시키고 있습니다. 그 사례 하나가 지금 전 세계에서 벌어지는 꿀벌 집단 실종 현상입니다(그림 8-4). 한국에서도 계속 이슈가 되고 있죠.

이런 일이 벌어지는 이유는 비교적 잘 알려져 있습니다. 농축산업 기업들은 이윤을 위해 단일 작물의 대량 재배를 선호합니다. 이런 환경에서는 곤충이 살기 어렵습니다. 그런데 농작물이 열매를 맺으려면 꿀벌 같은 수분受粉 곤충이 필요합니다(그림 8-5). 그 결과 대규모 양봉 산업이 발전했어요. 그러나 작물에 뿌리는 각종 농약 때문에 벌이 집단 폐사하는 일이 벌어지는 것입니다.

지금 꿀벌뿐 아니라 수많은 곤충이 멸종 위험에 처해 있는데요. 수분 곤충이 사라지면 인류는 엄청난 식량 위기에 직면하게 될 겁니다.

카를 마르크스는 자본주의의 태동기에 급속하게 산업화하는 농업을 보며 이런 일을 경고한 바 있습니다. 그는 자본주의가 도시와 농촌을 분리시키고 서로 연결된 자연의 요소들을

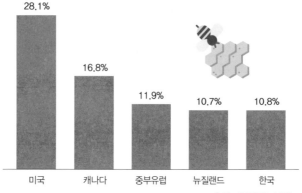

그림 8-4. 사라진 꿀벌 (2015~2016년)

미국	캐나다	중부유럽	뉴질랜드	한국
28.1%	16.8%	11.9%	10.7%	10.8%

출처: 〈한국영농신문〉

그림 8-5. 식량 작물의 꿀벌 수분 의존 비율 (2017년)

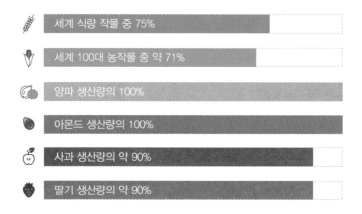

세계 식량 작물 중 75%

세계 100대 농작물 중 약 71%

양파 생산량의 100%

아몬드 생산량의 100%

사과 생산량의 약 90%

딸기 생산량의 약 90%

출처: FAO

독립된 산업으로 발전시킴으로써 농업의 토대 자체를 위협할 것이라고 지적했습니다. 그런 산업들은 자연의 작동 방식이 아니라 자본주의의 이윤 논리에 종속될 것이기 때문이라고 말이죠. 마르크스는 이런 과정이 인간과 자연 사이의 상호작용을 되돌이킬 수 없을 정도로 파괴할 것이라고 전망했습니다.

채식이 대안일까?

다큐멘터리 영화 〈카우스피라시〉(2014)를 보셨나요? 공장식 축산업의 문제를 잘 폭로하는 영화인데 스타 배우인 리어나도 디캐프리오가 제작에 참여해 큰 관심을 받았습니다.

소의 방귀와 트림이 자동차보다 더 많은 온실가스를 배출한다는 얘기를 들어 본 분들이 있을 텐데요. 〈카우스피라시〉의 주된 내용이 바로 그것입니다. 하지만 이 다큐멘터리가 제시하는 수치는 부풀려진 것입니다. 전체 온실가스 배출량의 51퍼센트가 축산업과 그 연관 분야에서 배출된다고 했는데, 이것은 잘못된 통계입니다.

유엔 식량농업기구는 2019년을 기준으로 농업과 축산업에

서 직접 배출되는 온실가스가 전체 온실가스 배출량에서 13퍼센트를 차지한다고 발표했습니다. 물론 식품 생산과 유통 전체를 따지면 그보다는 많아요(그림 8-6).

자본주의 축산업은 기후 위기를 가속하는 한 요인이긴 하지만 가장 중요한 요인은 아닙니다. 축산업이 기후 위기 가속의 가장 큰 원인이라고 보면 다소 빗나간 대안들로 나아갈 수 있습니다. 화석연료 산업을 폐쇄하기 위한 대중운동보다 개인들이 채식을 실천하는 것이 더 시급하고 효과적이라는 주장이 그런 사례입니다.

채식이 대안이라는 생각은 오늘날 기후 운동 내에서 널리 수용되고 있습니다. 2019년 9월에 서울 혜화동에서 열린 기후 집회에서는 "멸종하기 싫으면 탈육식하라"는 팻말을 볼 수 있

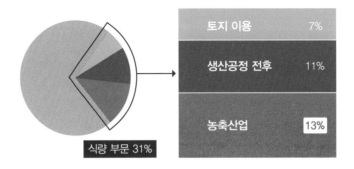

그림 8-6. 농축산업의 온실가스 배출량 (2019년)

토지 이용 7%

생산공정 전후 11%

농축산업 13%

식량 부문 31%

출처: FAO

었습니다.

　기후 운동 내에는 채식 같은 개인 라이프 스타일 바꾸기의 한계를 지적하는 주장들도 많습니다. 그러나 주로는 그 효과가 미미하다는 데에 초점을 맞추지 부정적 효과를 지적하는 경우는 드뭅니다. 그러다 보니 사회적 해결책도 필요하고 채식 장려도 필요하다는 식의 절충이 흔히 나타납니다. 그러나 개인 라이프 스타일 바꾸기 캠페인은 효과가 미미할뿐더러 기후 운동의 초점을 엉뚱한 곳으로 향하게 해 운동의 힘을 약화시킬 수 있습니다.

　자본주의 체제에서 평범한 사람들은 무엇을 먹을지 선택할 여지가 매우 적습니다. 고된 노동을 마치고 집에 돌아온 노동자들에게 인스턴트식품은 자신과 가족에게 필요한 칼로리를 간편하게 채울 '가성비' 좋은 식품이기도 하죠. 이런 상황에서 채식을 대안으로 제시하는 것은 기후 문제를 자본주의 체제가 아니라 소비자 개인의 탓으로 돌리는 효과를 냅니다. 이는 선택의 여지가 적은 평범한 노동계급 사람들이 기후 운동과 거리감을 느끼게 만들 위험이 있습니다. 정부와 기업주들은 자신들의 책임을 회피하고 운동을 약화시키려고 채식을 찬양하고 캠페인을 지원하기도 합니다.

기후 위기와 식량 위기

기후변화가 전 세계 식량 생산에 끼치는 영향이 매우 심각한데요, 이것은 아주 중요한 문제입니다. 한 연구 결과를 보면, 기후변화 때문에 전 세계 사람들이 주식主食으로 삼는 10대 작물의 수확량이 줄고 있습니다. 앞으로 더 많은 사람들이, 특히 가난한 나라 사람들이 영양실조나 기아로 고통받을 것이라는 얘기입니다.

또 다른 위험 요인은 이런 작물이 비교적 소수 지역에서 집중 생산되고 있다는 사실입니다. 2022년에 시작된 우크라이나 전쟁은 그 문제를 잘 보여 줬는데요. 세계적인 밀 경작지인 우크라이나에서 밀 수출이 막히자 세계 식량 가격이 폭등하고(그림 8-7), 스리랑카 같은 가난한 나라들에서 식량난이 심화했습니다.

필수 식량은 대부분 소수의 항구와 항로, 내륙의 열차 선로를 통해 운반됩니다. 이런 소수의 '요충지들'에 잠시라도 문제가 생기면, 그런 차질이 기후변화 때문이든 전쟁 때문이든, 식량

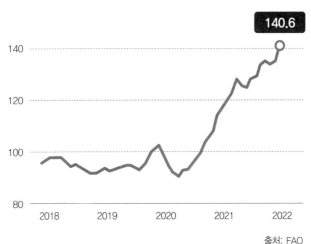

그림 8-7. 세계 식량 가격 지수 추이 (2014~2016년=100)

출처: FAO

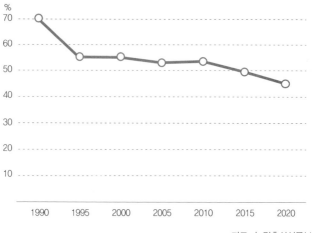

그림 8-8. 한국 식량자급률

자료: 농림축산식품부

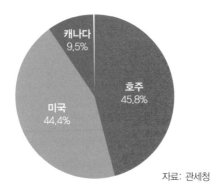

그림 8-9. 한국의 밀 수입국 (식용 밀, 2022년)

캐나다
9.5%

호주
45.8%

미국
44.4%

자료: 관세청

공급이 위협받을 수 있습니다. 세계적으로 유력한 기업인과 정치인의 회의 기구인 세계경제포럼도 "서로 떨어진 요충지들에서 동시에 문제가 생길 가능성이 점점 증가하는 추세"라고 지적했습니다.

한국도 예외가 아닙니다. 한국의 식량자급률은 2020년 기준 45퍼센트밖에 안 되는데요(그림 8-8). 점차 소비량이 늘고 있는 밀의 경우, 무려 98.9퍼센트를 수입에 의존하는데 그것도 고작 세 나라에 전적으로 의존합니다(그림 8-9). 영국 경제지 〈이코노미스트〉는 한국의 식량 안보를 평가하며 68개 항목 중 11개에 0점을 줬죠.

이처럼 기후 위기는 식량 부족과 식품 가격 인상을 초래해 보통 사람들에게 큰 고통을 주고 있습니다.

지속 가능한 농업

농축산업 부문에서 온실가스 배출을 줄이고 환경에 끼치는 악영향을 줄일 잠재력은 자본주의에도 있습니다. 유엔 식량농업기구는 현존하는 최상의 농법과 기술을 일반화하면 농축

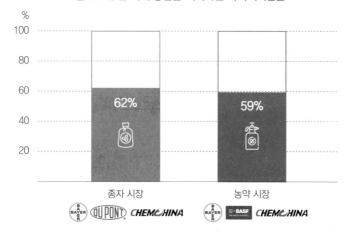

그림 8-10. 전 세계 농업을 지배하는 다국적기업들

종자 시장
62%

농약 시장
59%

출처: ETC Group 2015 / Mooney 2018

산업 부문의 온실가스 배출량을 18~30퍼센트 줄일 수 있다고 주장했습니다. 오래전부터 농부들이 사용해 온 방법들, 즉 작물을 다양하게 재배하고 윤작을 하는 것만으로도 생물 다양성을 유지하는 데 큰 도움이 됩니다. 좀 더 분산된 경작 체계는 삼림 파괴와 지하 담수층 고갈 같은 문제를 최소화하는 데 도움이 되죠.

문제는 이런 조처에는 돈이 많이 든다는 것이고, 따라서 시장에 내맡겨진 농축산업에서 이런 조처가 저절로 도입되지는 않는다는 것입니다. 정부의 정책(보조금 등)이 영향을 줄 수 있지만 거의 모든 나라에서 정부는 시장 경쟁을 더 중시하고 재정 지출은 아끼려고 합니다.

거대해진 농업 자본은 세계 수준에서 환경 파괴를 더욱 악화시켰습니다. 카길, 듀폰, 바이엘 같은 극소수의 다국적 농화학 기업들은 세계 농업 시장을 지배하고 있는데요(그림 8-10). 그들은 친환경적 농법을 개발·보급하지 않고, 그저 경작지와 농장의 규모를 거대화해서 농업이 더 많은 화학비료와 농약에 의존하도록 만들어 왔습니다. 그것이 환경에 얼마나 파괴적 영향을 끼치는지 알면서도 이윤을 위해 무시해 온 것이죠.

농업이 갈수록 소수 지역에 집중되고 거대화하는 흐름을 거슬러 유기농과 소농으로 돌아가야 한다는 주장이 있습니다. 이런 농법들은 분명히 장점이 있습니다. 현재 이런 농법들이 적절한 곳에서조차 채택되지 않는 것은 자본주의 체제의 이윤 논리에 적합하지 않기 때문입니다.

그러나 전체 농축산업을 유기농과 소농으로 되돌리는 것이 근본적 대안이 되기는 어렵습니다. 그렇게 하려면 지금보다 훨씬 많은 사람이 더 장시간 고된 노동을 해야 합니다. 무엇보다 우리는 80억 명에 가까워진 인류 전체를 먹여 살리면서도 지속 가능한 생태적 농축산업을 발전시켜야 합니다.

지금 구체적인 청사진을 그리기는 어렵습니다. 자본주의에서는 오로지 이윤을 극대화할 방법에 대한 연구에만 투자가 집중되기 때문이죠.

생태적 기반을 파괴하지 않으면서도 인류 전체의 필요를 충족할 농법들을 충분히 발전시키려면 먼저 직접 생산자들이 맹목적 이윤 숙석이라는 자본주의의 족쇄에서 해방돼야 합니다. 농업 노동자들을 포함해 노동계급이 토지와 생산수단을 집단적으로 관리하며 경제 전체를 민주적으로 계획하는 사회에서만 진정한 대안들을 발전시킬 수 있을 것입니다.

기후 톡톡

Q 채식이 자본주의의 속죄양 삼기에 악용될 수 있다는 지적에는 동의하지만, 육식과 관련된 통계가 부풀려졌다는 주장에는 동의하기 어렵네요. 도리어 축산업에 의한 온실가스와 환경 파괴에 대한 통계는 축소되는 경향이 강합니다. 축산업에서 나오는 온실가스는 단순히 방귀와 트림만의 문제가 아닙니다.

① 사료를 만드는 데서 나오는 온실가스와 사람에게 제공돼야 할 생산력과 에너지의 낭비 ② 사료 생산을 위한 작물을 재배하기 위해 벌목되는 우림 ③ 사료용 작물을 재배하는 과정에서 경운으로 인한 온실가스 배출과 토양 생태계 파괴 ④ 가축들의 소화 과정에서 나오는 가스 ⑤ 배설물로 인한 토양오염과 대기오염 ⑥ 배설물로 오염된 토양으로 말미암은 수질오염. 간단하게만 정리해도 이 정도인데요. 축산업으로 인해 발생하는 피해를 모두 계산하면 실제로는 기후변화에서 더 높은 비중을 차지할 것입니다.

8장 자본주의 농축산업과 채식 논쟁 **197**

A 말씀하신 것처럼 오늘날 자본주의 축산업이 환경에 끼치는 악영향은 단지 온실가스 배출에 국한되지 않습니다. 토양과 물도 대규모로 오염되고 있죠. 생물 다양성도 파괴되고 있고요. 저도 여섯 가지 지적이 다 사실이라고 생각합니다. 그리고 그것들은 대수롭지 않은 문제가 아니라 반드시 해결돼야 하는 문제라는 지적에도 동의합니다.

또 제조업이든 농축산업이든 서로 연관돼 있으므로 어디까지가 해당 산업의 영향인지 따지는 것이 간단하지는 않은 것도 사실입니다. 하지만 영화 〈카우스피라시〉에서 언급된 51퍼센트라는 수치는 통계적 오류가 담긴 수치입니다.

그 수치는 월드워치연구소의 로버트 굿랜드와 제프 앤행이 발표한 보고서에 실린 것인데요. 이 보고서는 동물이 배출한 메테인(메탄)이 기후에 끼치는 영향을 다른 배출원에서 나온 메테인보다 세 배 이상 강력한 것으로 계산했어요. 그리고 '동료 평가peer review'를 거치지 않았습니다.

〈카우스피라시〉는 유엔 식량농업기구가 2006년에 발표한 보고서에 담긴 수치도 이용했는데요. 유엔 식량농업기구는 2013년에 발표한 보고서에서 2006년 보고서의 수치가 잘못 계산된 것임을 시인했고, 왜 그랬는지도 밝힌 바 있습니다.

유엔 식량농업기구가 축산업계의 영향을 아예 안 받지는 않 겠지만, 그 연구 결과들은 적어도 해당 분야 학자들의 동료 평 가를 거친 것이므로 터무니없는 오류가 있다면 인정받기 어려 울 겁니다. 월드워치연구소의 보고서가 그랬듯이 유엔 식량농 업기구가 발표한 연구 결과에도 오류가 있을 수 있지만, 저는 아직 그것을 반박하는 연구 결과를 보지는 못했습니다.

제가 자본주의 축산업의 문제를 축소하려고 이런 얘기를 하 는 게 아니라는 점을 다시 말씀 드리고 싶습니다. 제가 강조하 고 싶은 것은 기후 위기를 멈추기 위해 가장 시급한 과제가 화 석연료 사용을 중단하는 것이라는 점입니다. 축산업을 가장 큰 원인으로 보면 다소 엇나간 해결책을 추구하게 될 수 있습 니다.

Q 공감과 배움이 풍부한 내용을 잘 요약해 주셔서 감사합니다. 다만 지속 가능한 농축산과 관련해 유기농과 소농에 대해서는 견해가 달라 조심 스럽게 밝힙니다. 유기농과 소농이 근본 대안이 될 수 없다는 주장의 근거 로 ① 다수의 고된 노동, ② 전체 인류를 위한 먹을거리 생산을 언급하셨습 니다.

그러나 노동과 생산력이 해방된 새 사회에서도 다수가 장시간 고된 노동을 할 것이라고 보는 가정에는 의문이 듭니다. 대안 사회는 안전하고 안정적인 먹을거리 생산의 중요성 때문에 농축산업에 대한 투자를 확대할 것이고 그래서 무척 효율적인 방식으로 생산이 이뤄질 가능성이 높습니다.

또한 현재 자본주의적 생산만으로도 100억~120억 명의 먹을거리를 감당할 수 있고, 생산된 식량의 3분의 1은 유통 과정에서, 3분의 1은 그 후 과정에서 폐기되고 있습니다. 그러니까 식량 부족과 기아의 해결 방식은 증산이 아니라 민주적 통제 아래 제대로 분배하는 것입니다.

끝으로 인류가 자연을 해치지 않고 평화롭게 먹을거리를 마련하는 것의 중요성과 가치와 구체적 방법을 이해하는 새 사회의 일부 구성원들은 그 '고된 노동'의 시간을 기꺼이 어쩌면 정말 즐겁게 받아들일 거라고 저는 생각합니다. 개인의 욕구와 사회의 필요가 서로 만나는 지점일 테니까요. 그게 진짜 노동이 해방된 사회가 아닐까요?

A 이견을 말씀하셨지만 분명 제 의견과의 공통점이 더 많이 느껴집니다.

제가 "전체 농축산업을 유기농과 소농으로 되돌리는 것이 근본적 대안이 되기는 어렵다"고 하면서 주로 비판하고자 한 것은 특정 형태의 소농을 낭만적으로 미화화는 주장입니다. 자본주의를 유지한 채(또는 그 영향력을 무시하고) 유기농과 소농으로 전환하면 문제를 해결할 수 있다고 보는 주장이지요.

그러나 유기농과 소농의 여러 장점과 잠재력에도 불구하고, 자본주의하에서는 이윤 논리에 따라 투자가 이뤄지지 않다 보니 노동 집약적인 경우가 많습니다. 소위 "뼈를 갈아 넣는" 농법이죠. 이런 조건에서 전체 농축산업을 유기농과 소농으로 대체하자는 것은 비현실적입니다.

지속 가능한 농업을 위한 근본 대안을 고민할 때 가장 중요한 것은 특정 농법의 선택이 아니라, 대안적 농법의 도입과 발전을 가로막고 있는 자본주의 체제를 바꾸는 것이라고 봅니다. 이런 인식은 질문하신 분과 저의 공통점인 듯합니다.

다만, 그런 대안 사회에서라면 전체 농축산업을 유기농과 소농으로 바꾸는 것이 인류 전체를 위한 지속 가능한 해법이 될 수 있다고 보시는 것에 관해 저는 약간 의견이 다릅니다.

물론 그런 사회(고전 마르크스주의 전통에서 사회주의라고 말하는 사회)에서는 생태적 장점이 큰 유기농과 소농이 지금보다 크게 늘어날 것입니다.

그런데 그 구체적 방식과 기술이 어떤 것일지에 관해서는 연구와 경험이 제한적이라는 사실도 고려해야 합니다.

예컨대 유기농만 보더라도 영농 전문가들이 제시하는 농법과 실제 농민들이 효과적이라고 생각하는 농법 사이의 차이가 작지 않은 경우가 많습니다. 한때 친환경 농법으로 알려진 것들이 사실은 환경 파괴적이라는 사실을 뒤늦게 알게 되는 경우도 드물지 않습니다.

자본주의 철폐 이후 새로운 농법이 도입되는 과정은 점진적일 것이고 상당히 긴 시간이 필요할 것 같습니다. 모험적으로 특정 농법을 과도하게 일반화해서도 안 될 것이고, 새 농법의 사용자들, 즉 실제 생산자들의 기여와 동의를 이끌어 내는 데에도 시간이 걸릴 것입니다. 옛 소련 시절 스탈린의 강제 집산화는 이 모든 것과 정반대였고, 매우 억압적이었을 뿐 아니라 대기근과 환경 파괴 등 엄청난 재앙을 낳았습니다.

그 이행기 동안에는 불가피하게 자본주의에서 물려받은 기술과 자원을 활용할 수밖에 없습니다. 그 기술과 자원을 단박에 대체할 수 없다면 어떻게 개선해 갈지도 고민이 필요할 것입니다. 한동안은 환경에 주는 부담을 감수하고서라도 식량 생산의 상당 부분을 대농장이나 화학농에 의존해야 할 수도 있습니다(저는 그럴 가능성이 매우 크다고 봅니다).

마지막으로, 질문하신 분의 말씀처럼 대안 사회에서는 노동의 성격이 근본에서 달라져서, 지금처럼 소외된 노동이 낳는 여러 문제들은 사라질 것으로 보입니다. 동의와 이해를 바탕으로 한 협력적 노동이 될 테니까요.

그럼에도 모든 노동이 마냥 즐겁기만 한 것은 아닐 겁니다. 기본적인 필요를 충족하는 데 드는 노동시간은 최대한 단축하고, 모든 사람이 다양한 지적·문화적 활동을 향유할 수 있는 사회가 돼야 합니다. 그것 또한 민주적이고 평등한 대안 사회를 지속 가능하게 하는 필수 조건 중 하나일 것입니다.

Q 자급 경제 모델에 대해서는 어떻게 생각하시나요?

A 지속 가능한 사회는 지금과 달리 생산의 분업이 전 세계에 걸쳐 극단적으로 치닫는 사회는 아닐 것이라고 생각합니다. 전 세계 인구를 먹여 살릴 곡식을 특정 지역 한두 곳에서 모두 재배해야 한다면 그 지역의 생태계는 지속 가능하지 못할 것입니다. 이런 극단적 생산 분업은 자본주의의 핵심 논리, 즉 이윤 극대화를 위해 발전해 왔습니다. 생산이 민주적으로 계획되는 사회에서는 이윤이 아니라 사람들의 필요와 생태적 지속 가능성을 고려해 생산지, 생산방식, 분배 방식 등을 결정할 것입니다.

적지 않은 생태 사상가들은 대안으로 종종 자본주의 이전, 그러니까 인구가 지금보다 한참 적고 평범한 사람들의 생활수준도 형편없던 시기를 연상시키는 주장을 하기도 합니다. 그러나 지금 우리에게 필요한 대안은 전 인류에게 충분한 필수재를 공급할 수 있는 생산방식입니다. 먼 미래에는 더 생태 친화적인 기술들도 발전하겠지만, 지금 당장에는 우리 수중에 있는 기술들을 활용해서 그렇게 나아가야 하겠죠. 세가 소농이나 유기농을 단순히 확산하는 것만으로는 충분치 않을 것이라고 얘기한 이유입니다.

평범한 사람들이 민주적으로 생산을 계획하는 사회에서는 아마도 수많은 새로운 실험이 이뤄질 테고, 그중 하나는 일정 지역이나 도시들이 생태적으로 자립, 또는 자급하는 것일 겁니다. 다만 그런 사회에서는 '식량 안보' 같은 문제를 걱정하느라 자급 능력을 키워야 할 필요는 훨씬 줄어들 것입니다. 그런 사회에서 사람들은 저만 살겠다고, 또는 이윤을 위한다며 옆 나라나 옆 동네 사람들을 굶어 죽게 방치하지는 않을 테니까요. 그런 사회야말로 진정으로 지속 가능한 사회일 것이라고 생각합니다.

Q 저는 공장식 축산의 현실이 너무 끔찍해서 채식을 한 적이 있는데요. 직장을 다니면서 지속하기가 너무 어려웠습니다. 채식을 하지 않는 주변 사람들이 위화감을 느끼는 것도 불편했고요.

지속 가능한 생태적 농축산업을 발전시키려면 이윤에 혈안이 된 자본주의 체제를 없애고, 생산자가 직접 운영하는 민주적 사회가 돼야 한다는 말씀에 공감합니다!

그러려면 더 많은 사람들이 기후 운동에 동참해야 할 텐데, 그러기 위해선 평범한 사람들의 식습관이 아니라 지배자들이 문제의 원흉임을 분명히 해야 할 것 같습니다.

A 라이프 스타일을 바꾸려는 개인들의 선의에도 불구하고 그 운동이 가질 수밖에 없는 약점을 경험을 통해 지적해 주신 듯합니다. 사실 채식 운동은 50~60년 전에 생겨난 운동입니다. 그러나 그 이후 고기 소비량은 오히려 기하급수적으로 늘어났습니다. 채식 운동을 하는 사람들 일부는 이런 사실을 보고는 '사람들은 안 바뀌어' 하며 좌절하곤 합니다.

그러나 사람들이 채식을 '선택'하지 않는 데에는 이유가 있다는 점을 이해해야 합니다. 우선, 대부분의 지역에서 평범한 사람들에게는 선택의 여지가 매우 작습니다. 시간이나 비용 등의 문제가 매우 큰 제약으로 작용합니다.

또, 세계 인구의 상당수는 육류를 너무 많이 소비하기는커녕 필수 영양분도 제대로 섭취하지 못하고 있습니다. 그래서 평범한 많은 사람들이 보기에 채식은 사회를 변화시키는 수단으로 여겨지지 못하는 것입니다.

개인의 라이프 스타일이 아니라 체제를 바꾸는 전망을 분명히 해야 합니다.

9장

과잉인구가 문제?
탈성장이 대안?

오늘날 인간 사회는 자연에 어마어마한 충격을 주고 있습니다. 기후 위기가 대표적이지만, 생물 다양성 파괴에서 방사성물질과 플라스틱 등이 일으키는 치명적 환경오염까지 그 심각성이 이루 말할 수 없을 정도입니다. 이런 상황이 지속되면 지구는 완전히 파괴될 것입니다.

이런 일이 벌어지는 이유는 인간에게 환경 파괴적 본성이 있기 때문은 아닙니다. 인류는 수십만 년 동안 자연 속에서 자연의 일부로서 자연과 공존해 왔습니다. 변화무쌍한 자연 속에서 의식주를 해결하려 고군분투하면서요.

그런데 자본주의 들어 이 관계가 크게 달라졌습니다. 자본주의가 이전 사회체제들과 다른 점은 여러 가지가 있지만 가장 근본적인 변화를 겪은 것은 의식주를 생산하는 방식과 그에 따른 사회적 관계였습니다. 대체로 자급자족으로 살아가던 옛

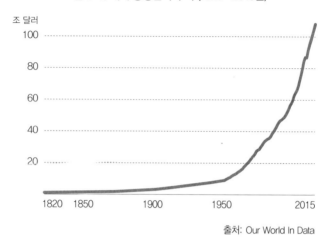

그림 9-1. 세계 총생산의 추이 (1820~2015년)

출처: Our World In Data

사회들과 달리 자본주의 사회에서는 압도 다수가 상품을 구입해 의식주를 해결합니다. 사회적으로 생산이 분업화된 것인데요. 이는 세계적 수준에서 생산력을 크게 끌어올렸습니다(그림 9-1).

그러나 자본주의 체제에서는 무엇을 어떻게 생산할지 결정할 권한을 소수 자본가가 독점합니다. 자본가들은 사회 전체의 필요가 아니라 자신의 이윤을 위해 투자를 결정하죠. 그래서 엄청난 생산력의 발전에도 불구하고 여전히 많은 사람들이 빈곤에 허덕이는 것입니다.

2021년 기준 세계 빈곤 인구는 전체 인구의 9.2퍼센트인데, 이들은 하루에 1.9달러도 안 되는 돈으로 생계를 유지합니다. 반면에 사람을 죽이는 데에 쓰이는 무기 생산이나 아무짝에도 쓸모없는 사치재 생산, 환경을 파괴하는 벌목과 화석연료 채굴 등에는 대규모 투자가 이뤄집니다. 자본가들에게 이윤을 가져다준다는 이유로 말입니다.

자본가들에게 가장 중요한 것은 냉혹한 이윤 경쟁에서 살아남는 것입니다. 그래서 개별 자본가들은 생산이 환경에 끼치는 장기적 영향 따위에 신경 쓸 겨를이 없죠. 어떤 자본가가 지구 생태계를 걱정할 수는 있지만 그것을 고려해 투자를 결정했다가는 십중팔구 경쟁에서 낙오할 것입니다. 앞에서 살펴봤듯이 화석연료가 자본주의 경제의 근간이 된 이유도, 기후 위기의 심각성을 알면서도 자본가들이 화석연료에서 벗어나지 못하는 이유도 바로 이 경쟁입니다. 따라서 기후 위기와 환경 파괴를 근본에서 멈추고 지속 가능한 사회를 건설하려면 이윤 경쟁이라는 자본주의의 엔진을 멈춰야 합니다.

여전히 만연한 빈곤과 탈성장론

자본주의적 경제성장이 기후 위기와 환경 파괴의 원인이라고 옳게 주목하는 사람들 중에서도 일부는 탈성장을 대안으로 제시하기도 합니다. 계획적으로 성장 자체를 멈춰야 한다는 것입니다.

자본주의적 경제성장이 환경 파괴를 낳는다는 사실에는 의심의 여지가 없습니다(그림 9-2). 앞서 자본가들 사이의 이윤 축적 경쟁이 왜 환경 파괴를 낳는지 살펴봤는데요. 경제성장은 바로 이 경쟁의 성적표 같은 것입니다.

이로부터 내려야 할 결론은 무엇일까요? 저는 자본주의적 생산을 더 합리적인 생산으로 대체하는 것이라고 생각합니다. 그러려면 자본주의와는 전혀 다른 원리로 운영되는 사회를 건설해야 합니다.

이와 달리 탈성장론자들은 자본주의적 생산방식보다는 성장 자체에 문제가 있다고 보는 것으로 기울어 있습니다. 그래서 대안 사회에서는 현재 선진국의 평범한 사람들의 생활수준을 유지할 수 없다고 주장합니다. 성장을 멈추고 사람들의 생활수준을 낮춰야 한다는 것입니다. 하루 생활비로 1.25달러는 너무

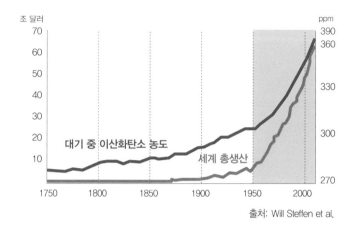

그림 9-2. 세계 총생산(실질)과 대기 중 이산화탄소 농도 (1750~2010년)

출처: Will Steffen et al.

적지만 100달러는 곤란하다는 식이죠. 예를 들어,《지속 불가능 자본주의》(다다서재, 2021)의 저자 사이토 고헤이는 다음과 같이 말합니다. "우리 중 대부분이 상위 20퍼센트 부유층에 해당한다. 일본에서는 많은 사람들이 상위 10퍼센트에 들어갈 것이다. 즉, 우리 자신이 당사자로서 제국적 생활양식을 근본적으로 바꾸지 않는 한 기후 위기에 맞서기란 불가능하다는 뜻이다."

그러나 현재의 화폐 가치로 지구 환경의 물질적 한계를 측정하는 것은 과학적이지 않습니다. 똑같은 돈을 석탄 발전소에 투자하느냐 재생에너지에 투자하느냐에 따라 생산하는 에너지의 양과 그것이 환경에 끼치는 부담은 천양지차이기 때문이죠. 생산의 속도도 이윤 경쟁에 맞추느냐 인간의 필요에 맞추느냐에 따라 환경에 끼치는 부담은 완전히 달라집니다.

무엇보다 탈성장론은 남반구는 물론이고 선진국 내에서도 빈곤이 만연하다는 사실을 간과합니다(그림 9-3과 9-4). 선진국들에서도 불평등이 엄청나고, 노동계급의 생활수준은 대개 지속 불가능하다고 할 만큼 높지 않습니다. 오히려 임금은 나날의 생계를 유지하기에도 벅찬 수준이고, 지금도 생활수준 하락 공격이 계속되고 있습니다.

탈성장 주장은 평범한 노동자들과 가난한 사람들의 조건, 정당한 불만, 염원을 대변하지 못합니다.

환경을 위해 생활수준 하락을 감수하자는 것이 아니라, 생태적 기반을 파괴하지 않으면서도 인간의 필요를 충족시키는 지속 가능한 사회가 가능하다는 대안을 제시해야 합니다. 그래야 평범한 노동자들이 기후 위기를 멈추는 운동에 함께할 수 있을 것입니다.

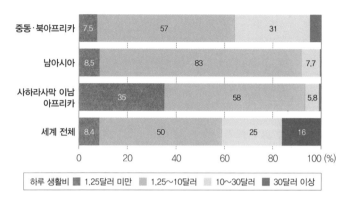

그림 9-3. 남반구 나라들의 극심한 빈곤 (2019년)

중동·북아프리카	7.5	57	31
남아시아	8.5	83	7.7
사하라사막 이남 아프리카	35	58	5.8
세계 전체	8.4	50	25	16

하루 생활비 ■ 1.25달러 미만 ■ 1.25~10달러 ■ 10~30달러 ■ 30달러 이상

출처: World Bank Poverty and Inequality Platform (2022)

그림 9-4. 미국의 줄지 않는 빈곤율 (1970~2020년)

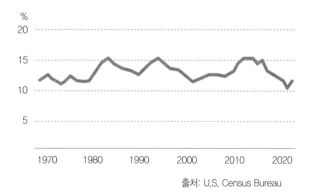

출처: U.S. Census Bureau

인구가 많아서 문제?

주요 국제기구들과 기성 언론들은 과잉인구를 환경 파괴의 원인으로 지목합니다. 예컨대 경제협력개발기구OECD는 2012년에 발표한 "2050 환경전망 보고서"에서 인구 증가를 환경 파괴의 핵심 원인 중 하나로 지목했습니다. 인구가 증가하는 만큼 자원 고갈과 온실가스 배출도 늘어난다는 것이죠.

과잉인구론은 그 영향력이 50여 년 전만큼 크지는 않습니다. 대부분의 선진국과 심지어 중국에서조차 출산율이 떨어지고 있기 때문입니다(그림 9-5). 한국도 몇 년 전부터 인구가 감소하기 시작했죠(그림 9-6). 그럼에도 인구가 너무 많다는 주장은 생태주의자들 사이에서 상식으로 통합니다. 영국 방송사 BBC의 자연 다큐멘터리로 유명한 자연사가 데이비드 애튼버러는 생태계 파괴를 줄이려면 인구 통제를 해야 한다고 주장하며 다음과 같이 말했습니다. "내가 본 문제들은 모두 인구가 더 적어지면 그만큼 해결하기가 쉬워졌고, 인구가 더 많아지면 해결하기가 거의 불가능해졌다."

기후 위기 문제를 인구와 연결 짓는 사람들은 흔히 각종 오염 물질의 1인당 배출량 수치에 초점을 맞춥니다. 이런 각종 배

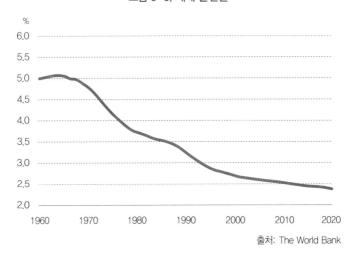

그림 9-5. 세계 출산율

출처: The World Bank

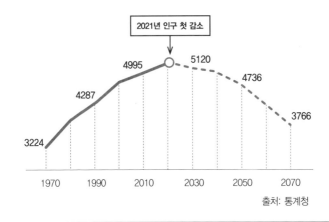

그림 9-6. 한국의 총인구 (단위: 만 명)

2021년 인구 첫 감소

5120

4995

4736

4287

3766

3224

1970   1990   2010   2030   2050   2070

출처: 통계청

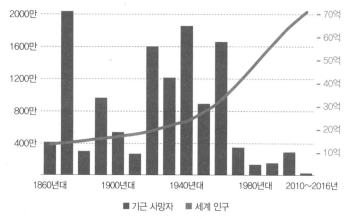

그림 9-7. 세계 인구와 기근으로 인한 사망자 수

2000만	70억
1600만	60억
	50억
1200만	40억
800만	30억
	20억
400만	10억

1860년대   1900년대   1940년대   1980년대   2010~2016년

■ 기근 사망자   ■ 세계 인구

출처: Our World In Data

출을 줄이는 데에는 한계가 있으니 인구를 통제해야 한다는 것이죠.

그러나 1인당으로 환산한 수치들은 보여 주는 것보다 숨기는 게 더 많습니다. 지역 간, 산업 간, 도시와 농촌 간, 그리고 계급 간 생활수준의 격차를 은폐합니다. 무엇보다, 누가 무엇을 위해 결정한 자원 활용 방식이 문제를 일으키고 있는 것인지를 은폐하죠. 1장에서 언급했듯이, 지난 30년 동안 배출된 전세계 온실가스의 71퍼센트는 고작 100개의 기업이 배출했다는 사실을 기억해야 합니다.

프리드리히
엥겔스

토머스 로버트
맬서스

카를
마르크스

과잉인구론자들은 지구 환경이 감당할 수 있는 인간의 수가 고정돼 있는 것처럼 말합니다. 그런 주장의 뿌리인 토머스 맬서스(1766~1834)는 자연적 한계 때문에 식량 생산이 인구 증가를 따라잡지 못한다고 주장했는데요. 그러나 그렇지 않습니다. 오늘날의 인구는 맬서스 생전의 10배쯤으로 증가했지만 기근으로 인한 사망자가 오히려 줄어든 사실만 봐도 그런 주장은 참이 아님을 알 수 있습니다(그림 9-7).

사실 맬서스가 진정으로 문제 삼은 것은 인구 수 자체가 아니었습니다. 맬서스는 모든 사람들에게 부가 평등하게 분배돼야 한다는 주장에 반대했습니다. 그는 '필요 없는' 인간을 살려 인류 전체의 부담을 늘려서는 안 된다고 한 것입니다.

마르크스와 엥겔스는 맬서스의 주장을 격렬히 반대했습니다. 자연의 한계가 없지는 않지만 결코 고정돼 있는 것이 아니고 인간 사회의 작동 방식에 따라 크게 달라진다고 반박했습니다.

빈곤이나 환경 파괴를 인구 증가와 연결시키는 주장은 환경 파괴의 책임을 평범한 사람들에게 전가하는 수장에 문을 열어 줄 수 있습니다. 또 오늘날 인구가 늘어나는 곳이 주로 개발도상국이나 빈국이라는 사실 때문에 인종차별, 이주민과 난민에 대한 차별 등에 악용될 수 있다는 점도 경계해야 합니다.

지속 가능한 사회

세계에 만연한 빈곤을 해결하고 인류의 생활수준을 지금보다 높이면서도 환경과 조화를 이루는 지속 가능한 사회가 가능할까요?

그렇게 하려면 몇 가지 물리적 조건이 필요합니다. 먼저, 되도록 재생 가능한 자원을 이용해야 합니다. 물과 바람과 햇빛 등이 그런 것이죠. 화석연료처럼 재생 불가능한 자원을 최대한 빨리 재생 가능한 자원으로 대체해야 합니다. 또 인간 활동으로 생겨나는 오염과 서식지 파괴가 자연의 회복 속도보다 빨라서는 절대 안 됩니다.

이런 조건들이 인류의 산업 문명과 공존할 수 있을까요? 그럴 수 있습니다. 영국의 유명한 환경 운동가 조지 몬비오는 《CO_2와의 위험한 동거》(홍익출판사, 2008)라는 책에서 그 구체적 방법들을 소개한 바 있습니다.

그러나 이런 물리적 조건이 충족되려면 사회의 작동 원리가 근본에서 바뀌어야 합니다. 개별 기업주들이 이윤이라는 목표를 좇아 사회적 생산과 투자를 결정하는 자본주의 사회에서는 앞에서 말한 조건을 충족시킬 수 없기 때문입니다. 지속 가능한 세계를 만들려면 평범한 노동자들이 사회 전체의 생산을 민주적으로 계획하고 통제해야 합니다. 마르크스가 말한 노동자 권력, 사회주의 사회를 건설해야 합니다.

어떤 사람들은 소련과 중국 같은 사회를 가리키며, 사회주의 사회도 성장을 중시하고 환경을 파괴한다고 말합니다. 그러나 소련과 중국 같은 사회들에서 환경 파괴적 성장이 벌어진 이유는 서방 국가들과의 경제적·군사적 경쟁에 생산을 종속시켰기 때문입니다. 1931년에 소련의 이오시프 스탈린이 한 다음의 말이 그 사회의 우선순위를 잘 보여 줍니다. "우리는 선진국들보다 50~100년 뒤처져 있습니다. 10년 안에 그들을 따라잡아야 합니다. 그러지 못하면 그들이 우리를 파멸시킬 것입니다."

소련·중국·북한·쿠바 같은 사회는 작동 원리가 사회주의와는 아무 상관없고 생산과 투자의 결정권을 노동자들이 아니라 한 줌의 국가 관료가 쥐고 있는 관료적 국가자본주의입니다.

사회 전체의 생산이 민주적으로 계획되는 사회에서는 자본주의 체제에서 낭비되는 어마어마한 생산력을 꼭 필요한 곳, 즉 사람들의 필요를 충족시키고 생태적 회복을 이루는 데에 집중할 수 있을 것입니다. 전시戰時에 준하는 집중 동원이 이뤄질 수도 있겠죠. 물론 광범한 동의와 협력을 바탕으로요.

이런 조건에서는 지금 사회에서는 기대하기 어려운 커다란 변화, 생태적 회복을 이룰 수 있을 것입니다. 그러면 평범한 사람들이 평등하게 누릴 수 있는 생활수준은 어떤 정도인지, 이를 위해 사회적 생산력을 어떻게 분배해야 하는지도 좀 더 과학적으로 이해할 수 있는 토대가 놓일 것입니다. 높아진 생산력은 고된 노동시간을 최대한 단축하는 식으로 적용될 수도 있습니다. 이런 사회야말로 지속 가능한 사회일 것입니다.

기후 톡톡

Q 전 세계의 가난한 사람들이 존재하는 것이 마치 생산력이 부족해서라는 뜻으로 들려요. 환경 친화적인 재생에너지 등에 투자해서 생산력을 높이면 기후 문제 등과 빈곤이 해결될 수 있다는 뉘앙스를 풍기고요. 그러나 오늘날의 생산력으로도 모두(자본가를 제외한)가 만족할 만한 수준으로 충분히 살아갈 수 있어요. 탈성장 공산주의 사회가 새로운 대안임을 마르크스는 말하고 있어요. 그 내용을 대변한 책이 《지속 불가능 자본주의》라고 봐요.

A 저는 자본주의의 생산력이 부족해서 오늘날에도 빈곤이 만연하다고 얘기하지 않았습니다. 오히려 저는 "엄청난 생산력의 발전에도 불구하고 여전히 많은 사람들이 빈곤에 허덕이"고, 그 이유는 개별 자본가들이 이윤을 위해 투자와 생산을 결

정하기 때문이라고 얘기했습니다. 즉, 자본주의 사회에서는 필수재를 생산할 (잠재적) 생산력은 충분하지만 자본가들이 이윤이 되지 않는다는 이유로 투자하지 않고 생산하지 않는 게 문제입니다.

사회주의 사회에서는 이처럼 필요한 부분에 충분히 투자해서 사람들의 필요를 충족시켜야 할 것입니다. 이런 투자는 장기적으로는 생산력 발전으로도 이어질 수 있지만, 그 자체로는 그리고 단기적으로는 생산력을 높이지 않을 수도 있습니다. 그럼에도 분명히 이 필수재 부문의 생산은 늘어날 것입니다. 주류 경제학의 어법을 따른다면, 이는 명백히 성장입니다(주류 경제학이 말하는 '성장'은 모순적이고 혼란스러운 개념이기는 합니다만, 탈성장론자들은 분명히 주류 경제학의 어법을 그대로 사용하고 있습니다).

필수재 부문에서는 성장이 이뤄지고 낭비적 부문에서는 탈성장이 이뤄져도, 전체적으로는 탈성장이어야 한다고 주장하는 이들도 있습니다. 그런데 제가 보기에 이들은 필수재를 지나치게 협소하게 보는 경향이 있습니다. 그래서 선진국에 사는 어지간한 노동계급의 생활수준도 지나치게 높다고 주장합니다. 이는 두 가지 이유에서 사실이 아닙니다.

첫째, 객관적으로 생활수준이 지나치게 높은 노동자들은 거의 없습니다. 현재 그들이 의존하는 여러 생필품이 환경 파괴적 방식으로 생산된 것은 사실이지만, 이는 생산(과 분배) '방식'을 바꿔서 해결할 문제이지 그 절대량을 줄이거나 동결해서 해결할 문제가 아닙니다. 오히려 평범한 노동계급에게는 더 풍부하고 더 다양한 필수재와 삶을 인간답게 향유할 수 있는 재화와 서비스가 많이 공급돼야 합니다. 그 최종 결과가 더 많은 에너지를 사용하는 것일지 아닐지는 그때 가 봐야 알겠지만(생산방식에 따라 총소비량이 달라질 수 있으니까요) 줄어들 것이라고 확언할 수 있는 일은 아닙니다.

둘째, 저는 세계적 수준에서 재분배가 필요하다고 보지만 그것으로 충분한지는 확실히 말하기 어렵다고 봅니다. 예를 들어 보죠. 현재 전 세계에서 평균 수명이 가장 긴 나라 6위는 이탈리아입니다. 이탈리아인들의 1인당 1차 에너지 소비량은 연간 3만 킬로와트시 정도입니다(2019년 기준, 출처: Ourworldindata. org). 전 세계 모든 사람들이 이 정도의 에너지를 사용하려면 필요한 에너지는 23만 7000테라와트시입니다(79억 명×3만 킬로와트시). 이는 현재의 전 세계 1차 에너지 소비량인 17만 3340테라와트시의 1.37배이므로, 낭비를 줄이고 효율을 높이더라도 충분하다고 확언하기는 어려울 것입니다.

게다가 한동안은 인구도 더 늘어날 것이고 금세기에는 기후 변화 완화와 적응 등의 과제를 해결하기 위한 추가 에너지 공급이 필요할 것입니다.

마르크스가 '탈성장'을 말했다는 주장은 근거가 없습니다. 그것은 《지속 불가능 자본주의》의 저자 사이토 고헤이의 주장인데, 그는 자신의 책에서 이런 주장을 뒷받침하는 근거를 제시하지는 않았습니다.

Q 인구는 문제가 아니라는 주장에 동의하지 않습니다. 인구가 늘어나는 만큼 더 많은 물자가 필요할 테고 그 늘어난 인구에 상품을 더 팔아먹기 위해 더 많은 기업들이 생기고 더 크고 많은 공장이 가동될 것이니까요.

A 인구가 늘어나면 더 많은 물자가 필요할 것입니다. 그러나 그런 물자를 어떻게 생산하는지가 환경에 끼치는 영향을 좌우합니다.

말씀하신 대로 기업들이 상품을 팔아먹기 위해 더 많은 공장을 가동한다면 환경 파괴는 불가피할 것입니다. 그러나 사람들의 필요를 충족하기 위해서 평범한 사람들이 생산을 민주적으로 통제할 수 있다면 상황은 달라질 수 있습니다.

사회의 작동 원리가 완전히 바뀐다면 평범한 사람들은 자신과 자손들이 황폐해진 지구에서 살아가지 않도록 하기 위해 필요한 여러 수단들을 사용하려 할 것입니다. 심지어 지금 개발돼 있는 기술만으로도 환경 파괴를 극적으로 줄일 수 있습니다. 더 나아가 생태계를 복원하는 기술들에도 투자할 수 있죠. 지금은 쓰레기 처리에조차 투자가 이뤄지지 않아 산과 바다에 쌓이고 있지만 말입니다.

물론 그 수준이 어떤 것일지는 해 봐야 알 수 있는 영역이 많습니다. 기후 위기가 계속 진행된다면 그런 사회에서조차 필수재 생산에 차질을 겪을 수도 있을 것입니다.

그럼에도 인류 전체가 협동할 수 있는 사회에서는 여러 시행착오에도 불구하고 공존하는 방향을 찾아 갈 수 있을 것입니다. 이는 어느 정도는 믿음의 영역이기도 하지만, 인간의 물질 소비량이 지구의 물질적 한계를 넘어섰다는 주장보다는 과학적 근거가 많은 주장입니다.

10장

멸종이 코앞인데
어느 세월에
체제를 바꾸냐고?

독자 여러분 가운데는 기후 위기를 낳는 자본주의 체제가 문제이긴 한데 과연 체제 변화를 이룰 수 있을까 하고 생각하시는 분도 있을 것입니다. 실제로 기후 운동 안에는 '체제를 바꾸기에는 시간이 없다'고 주장하는 사람들이 있습니다. 여기 10장에서는 '시간이 별로 없다'는 인식에 공감하면서, 앞으로의 10년은 지난 수십 년과 어떻게 다를지를 살펴보고 그 변화가 근본적 사회 변혁의 가능성에 어떤 영향을 미칠지 얘기해 보겠습니다.

　유엔 기후변화에 관한 정부 간 협의체는 2018년에 "1.5도 보고서"를 발표했습니다. 이 보고서에서 과학자들은 지구 평균기온이 산업화 이전에 견줘 1.5도 이상 오르지 않도록 해야 한다고 경고했습니다. 평균기온이 1.5도 이상 상승하면 지구 기후가 인류 문명이 발전해 온 지난 1만 년과는 근본적으로 다른 상태

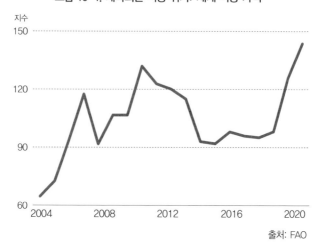

그림 10-1. 계속되는 식량 위기: 세계 식량 가격

출처: FAO

가 돼 버릴 것이라고 했죠. 그리고 1.5도라는 목표를 위해 우리
가 무언가 할 수 있는 시간이 10년밖에 남지 않았다고 했습니
다. 지금대로라면 2030~2052년 사이 어느 해에 1.5도를 넘길
것이라고 했습니다. 2022년에 발표한 새 보고서에서는 이 시기
가 10년 정도 앞당겨질 것이라고도 했죠.

  지금 전 세계에서 벌어지고 있는 일들은 기후 위기가 불러올
가까운 미래의 모습을 이미 부분적으로 보여 주고 있습니다.
식량 위기와 에너지 위기가 계속되고 있고(그림 10-1과 10-2)
기후 난민이 늘어나고 있습니다. 하지만 선진국 정부들은 외면

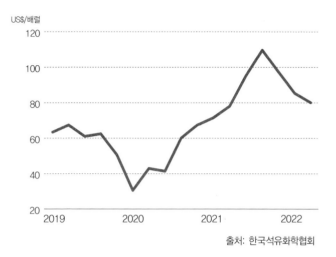

그림 10-2. 계속되는 에너지 위기: 국제 유가 (두바이산 원유)

출처: 한국석유화학협회

하고 있습니다.

몇 년 동안 전 세계가 코로나19 팬데믹으로 고통받았고 아직 끝나지 않았는데요. 기후 위기는 또 다른 팬데믹을 낳을 것입니다. 식량 위기와 에너지 위기, 역병과 경제 위기 속에서 패권을 지키려는 열강의 몸부림은 전쟁으로 이어질 수도 있을 것입니다. 전쟁은 기후 위기를 더 악화시킬 것입니다. 이는 지금 우크라이나 전쟁이 잘 보여 주고 있죠.

이런 상황들을 보면 시간이 얼마 남지 않았다는 경고가 피부에 와닿고 무시무시하게 느껴집니다. 2019년에 청소년들을 비롯한 수많은 사람들이 기후 위기를 멈추라며 거리로 쏟아져 나온 이유입니다.

얼마 남지 않은 시간, 무엇을 해야 할까?

그러나 얼마 남지 않은 시간의 의미와 과제를 두고, 기후 운동 내에는 상당한 견해 차이가 있습니다. 제가 속한 노동자연대 같은 혁명적 좌파는 그 어느 때보다 자본주의 체제의 근본적 변혁이 절실하고 그것을 위해 힘을 모아야 한다고 생각합니다. 맹목적 이윤 경쟁이 아니라 보통 사람들의 필요를 위해 운영되는 사회를 건설해야만 생태적 지속 가능성을 보장하고 기후 위기를 멈출 수 있다는 것입니다.

반면, 기후 위기의 심각성을 보면서 정반대 방향으로 이끌리는 사람도 있습니다. 급진 좌파의 일부도 '체제를 근본적으로 바꿀 시간이 없다'면서 자본주의 틀 안의 변화, 자본주의 국가를 활용하는 대안으로 기울고 있습니다. 매우 안타까운 일입니다. 최근 놈 촘스키는 "필요한 기한 내에 자본주의를 해체하는 것은 불가능하다"며 "대대적인 국가 차원의 동원"이 필요하다고 주장했습니다(《기후 위기와 글로벌 그린 뉴딜》, 현암사, 2021).

기후 운동 내에서 영향력이 좀 더 큰 생태 사회주의자 안드레아스 말름도 비슷한 주장을 합니다. "평의회 기반의 노동자 국가가 하룻밤 새에 기적적으로 탄생하지는 않을 것"이라면서 "이것을 기다리는 건 망상과 범죄 모두에 해당한다"고요(《코로나, 기후, 오래된 비상사태》, 마농지, 2021). 그러면서 "자본주의 국가에 대중이 압력을 가해 … 국가 기구들로 하여금 자본과 자기들을 엮은 쇠사슬을 끊고 나아가도록 강제해야 한다"고 주장합니다. 말름은 그 수단으로 "선거운동부터 사보타주까지" 언급하는데요. 사보타주는 직접행동으로 사적 소유를 파괴하고 기업에 맞서자는 것입니다.

그러나 자본주의와 자본주의 지배계급의 도구인 국가를 그대로 둔 채 자본주의 내의 개혁으로 기후변화를 억제할 가능성이 얼마나 있을까요? 저는 그럴 가능성이 극히 희박하다는 사실을 먼저 짚고 싶습니다.

지속 불가능 자본주의

　자본주의는 맹목적인 이윤 경쟁으로 추동되는 체제입니다. 세계적 이윤 경쟁이라는 자본주의의 엔진이 계속 작동하는 한, 어떤 기업이나 국가도 기후 위기를 멈추기 위해 진정으로 필요한 조처를 나 홀로 추진할 수 없습니다.

　물론 일부 자본가나 정부는 기층의 압력에 떠밀려 기후변화의 심각성을 인정하거나 에너지 전환 계획을 내놓기는 하겠죠. 이전에도 그랬습니다. 그러나 생색내기 이상의 실질적 진전은 없었습니다. 오히려 온실가스 배출량은 계속 늘어나고 있습니다(그림 9-2 참고). 기후 위기를 멈추기 위해 진정으로 필요한 조처, 즉 화석연료 이용 중단에 착수조차 안 하기 때문입니다. 우크라이나 전쟁이 시작된 이후에는 아예 그런 논의 자체가 없었다는 듯이 행동하고 있습니다(그림 10-3). 마르크스의 말을 빌리자면 자본가들의 기본 태도는 "홍수여, 내가 떠난 뒤에 오라"는 것입니다.

　자본주의의 냉혹한 이윤 경쟁은 지배자들로 하여금 10년 뒤가 아니라 다음 분기를 위한 선택을 하도록 강요합니다. 그래서 지배자들은 자연과 충돌하는 방향으로 내달리고, 자본축적에 중심적 구실을 하는 화석연료를 끊지 못합니다.

이런 자본주의 국가가 근본적으로 달라지고, 대중의 뜻을 따르게 될 수 있을까요? 역사적 경험은 그렇지 않음을 거듭 보여 줬습니다. 6장에서 설명했듯이, 그리스의 좌파 개혁주의 정당인 시리자는 대중의 긴축 반대 운동에 기반해 2015년 집권했지만, 지배자들의 긴축정책 강요에 굴복했습니다. 이때 시리자의 기후 대책 약속들도 휴지 조각이 됐습니다.

그림 10-3. 우크라이나 전쟁 시작 후 화석 연료 사용 증가

독일
21개 석탄 발전소 운영 기한 연장,
재가동 계획

유럽연합
2021년 석탄 소비 14% 증가
2022년 7% 증가

혁명의 현실성

자본주의 체제의 근본적 변화를 주장한다고 해서 개혁을 위한 투쟁을 얕잡아 보거나 반대하는 것은 결코 아닙니다. 오히려 실제 혁명들은 부분적 개혁 요구를 내건 투쟁들에서 발전했습니다. 1917년 러시아혁명부터 2011년 이집트 혁명에 이르기까지 말이죠.

우리는 근본적 체제 변화의 필요성을 주장하는 동시에 화석연료 채취 금지, 재생에너지로의 전환을 위한 투자, 정의로운 전환 같은 즉각적 요구를 위해 싸울 수 있습니다. 이런 투쟁들은 때로 부분적 성과를 거둘 수 있지만 거대한 장벽에도 부딪힐 것입니다. 그리고 이런 투쟁 경험을 통해서 대중은 혁명적 대안을 진지하게 고려하게 될 것입니다. 이런 투쟁은 자본주의가 생태적으로 지속 가능한지 여부를 시험대에 올려놓기 때문입니다.

시간이 얼마 남지 않았는데 대중의 투쟁과 각성을 기다릴 여유가 어디 있느냐고 반문할 수 있을 텐데요. 이 맥락에서 '얼마 남지 않은 시간'의 의미를 짚어 봐야 할 것 같습니다.

유엔 기후변화에 관한 정부 간 협의체가 경고한 10년이 지나

그림 10-4. "기후변화가 아니라 체제 변화"

2022년 9월 24일 서울에서 열린 기후 정의 행진에 금속노조 조합원이 팻말을 들고 참가하고 있다.

고 평균기온이 1.5도 이상 올라간다고 해서 모든 것이 끝장나고 투쟁이 헛된 일이 되고 마는 것일까요? 그렇지 않습니다. 오히려 환경 위기가 가속되면서, 재난, 위기, 계급투쟁, 정치적 양극화가 모두 더 심화할 것이라고 보는 게 현실적 전망입니다.

기후 위기 때문에 향후 10년은 과거와는 완전히 다른 상황에 놓이게 될 것입니다. 기후 위기가 불러오는 수많은 재난, 팬데믹, 경제 위기, 전쟁 등으로 세계는 이미 이전과는 다른 상황으로 나아가고 있고, 많은 사람들은 이 문제들이 더 악화하고 중첩할 거라고 전망하고 있습니다.

이런 상황 변화 때문에 대규모 반란과 혁명의 가능성은 과거보다 높아질 것입니다. 또 자본주의를 종식해야 할 필요성에 대한 대중의 인식 수준도 달라질 것입니다. 전 세계 많은 청년들이 '체제 변화'라는 구호를 외치는 것은 그런 징후라고 할 수 있습니다.

그림 10-5. "사회정의와 기후 정의는 하나다"

2021년 11월 스코틀랜드 글래스고에서 26차 유엔 기후변화 협약 당사국 총회가 개최됐고, 이에 항의하는 10만 명 규모의 시위가 벌어졌다. 당시 파업 중이던 영국 일반노조 소속 청소 부서 노동자들이 이 시위에 참가하고 있다.

어떤 운동이 필요한가

체제를 바꿀 시간이 없다고 생각하는 사람들은 자본주의 국가를 활용한 개혁 성취에 기대를 겁니다. 개혁 중에서도 기후변화 문제에 배타적으로 힘을 집중해야 한다고 보면서 말입니다. 몇 년 안에 인류의 존립이 위태로워질 수 있는 판국에, 노동자의 권리, 여성의 재생산권, 성소수자의 권리 등에 관심을 갖는 게 무슨 의미가 있느냐고 생각할 수 있습니다.

그러나 앞에서 지적했듯이 자본주의 내의 개혁으로 기후변화를 억제할 가능성은 극히 희박합니다. 얼마 남지 않은 시간을 여기에 쏟는다면 실패를 반복하기 쉽습니다. 반면 자본주의 체제의 근본적 변혁 가능성은 기후변화와 다중적 위기의 심화 때문에 과거에 비해 커지고 있습니다.

물론 다양한 요구를 내건 기후 운동을 더 크고 강력하게 조직하는 것은 중요합니다. 그러나 그 운동은 다른 다양한 저항 운동들과 결합돼야 하고 체제 자체에 맞서는 방향으로 나아가야 합니다. 그러려면 핵심적으로 두 가지가 중요합니다.

첫째, 노동계급의 잠재력에 주목해야 합니다. 노동자들은 자본가들이 지구를 내버리더라도 얻고자 하는 이윤에 타격을 입

환경 위기 가속
↓
재난, 계급투쟁,
정치 양극화의 심화

힐 수 있는 힘이 있습니다. 노동계급은 그 힘을 자본주의의 작동을 멈추고 완전히 새로운 사회, 즉 사회주의 사회를 건설하는 데에 사용할 수 있습니다.

평범한 노동자들을 기후 운동에 대거 참여시켜야 합니다. 그뿐 아니라, 노동자들이 자기 삶을 지키기 위해 벌이는 투쟁에 관심을 기울여야 합니다. 기후 위기 대응을 위해 노동계급이 필요한 것이 아니라, 인구 대다수인 노동자 대중의 삶을 위해 기후 위기를 멈춰야 하는 것입니다. 노동계급이 해방을 위해 행동에 나설 때 기후 위기를 멈출 힘을 발휘할 수 있습니다.

둘째, 다양한 운동을 연결시키고 그 운동들이 모든 문제의 원인인 자본주의를 겨냥하도록 애쓸 혁명적 조직이 필요합니다. 위기의 심화 속에서 다양한 투쟁이 일어나면, 빈곤과 차별과 전쟁의 원인이 무자비한 이윤 축적에 있음을 깨닫는 사람들이 늘어나며 각각의 투쟁들이 서로 연결될 가능성이 열릴 것입니다. 그러나 그 가능성은 저절로 현실화되지는 않을 것입니다. 다양한 투쟁에 참여하면서 그 투쟁이 체제에 도전하는 방향으로 나아가도록 애쓰고, 지배자들의 이간질에 맞서 저항 운동이 단결하도록 애쓰는 활동가들이 있어야 합니다. 그리고 이런 일을 효과적으로 하려면 혁명적 조직이 필요합니다.

이 책을 읽는 분들이 이런 활동에 함께하기를 진심으로 바랍니다.

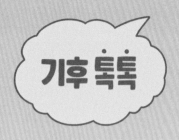

Q 기후 운동이 다른 다양한 저항 운동들과 만나야 한다고 말씀하셨는데요. 이게 가능한 일인지 실제 사례가 있다면 알고 싶습니다.

A 7장에서 소개한, 2018년 프랑스에서 벌어진 노란 조끼 운동의 사례를 들 수 있을 것 같습니다. 당시 마크롱 정부는 기후 위기 대응을 명분으로 유류세를 대폭 인상하려 했어요.

평범한 프랑스 청년 노동자들이 이에 크게 분노했습니다. 이들은 비싼 주택 임대료와 형편없는 대중교통 때문에 교외에 살면서 매일 승용차로 출퇴근해야 했거든요. 게다가 마크롱은 부자들에게는 세금을 대폭 깎아 주는 정책도 추진하고 있었으니 말이죠.

수십만 명이 유류세 인상에 항의하는 시위에 참가했습니다.

프랑스에서는 안전 조처를 위해 의무적으로 승용차에 형광색 조끼를 비치하도록 하는데요. 이 조끼를 입고 시위에 나서서 노란 조끼 운동이라고 불렸습니다.

마크롱은 이들을 매도하려 했어요. 기후 위기는 안중에도 없이 자기 밥그릇 지키기에만 혈안이 된 철부지들로 말이죠. 일부 언론은 이들의 시위를 우파 시위라고 묘사하며 비난하기도 했습니다. 일부 기후 운동가들의 시선도 곱지 않았습니다.

그러나 노란 조끼 운동 참가자들은 진지한 토론을 통해 자신들이 기후 위기 대응을 반대하는 것이 아님을 밝혔습니다. 더 효과적인 정책들, 예컨대 대중교통에 투자하고 부유층에 세금을 부과해 기후 위기 대응에 나서야 한다는 점을 밝혔습니다. 파리에서 열린 대규모 기후 집회에도 참가했어요.

기후 운동 측에서도 일부가 노란 조끼 운동의 요구를 지지하며 정부에 항의했고, 결국 마크롱의 위선적인 유류세 인상 정책을 좌절시켰습니다. 마크롱은 대중교통 개선도 약속해야 했죠.

얼핏 보기에는, 생계를 지키기 위해 투쟁에 나서는 노동자들의 요구가 기후에 악영향을 끼칠 것처럼 보일 때가 많습니다. 한국에서도 화물 노동자들이 유류세 인하를 요구하며 투쟁하기도 하죠.

그러나 기후 위기가 평범한 사람들의 소비에서 비롯한 것이 아니라 생산방식을 결정하고 통제하는 기업주들과 정부 탓에 벌어진 문제라는 사실을 잘 이해한다면 그런 투쟁에 나선 노동자들과 함께 정부의 무책임과 위선에 맞서 싸울 수 있습니다. 그럴 때에만 기후 운동은 진정으로 효과가 있는 조처들을 쟁취할 수 있을 것입니다. 또 그 저변도 넓어질 것이고 근본적인 문제를 해결할 힘을 갖게 될 것입니다.

Q 미국 바이든 정부를 통해 기후 위기에 대응할 수 있을 것이라고 기대한 사람들이 있었던 것으로 압니다. 그러나 바이든의 기후 정책은 크게 후퇴한 것 같은데요. 그것이 미국의 기후 운동에는 어떤 영향을 끼쳤는지 알고 싶습니다.

A 미국의 최연소 여성 하원인 알렉산드리아 오카시오코르테스AOC와 그가 몸담았던 미국 민주사회당DSA을 대표적 사례로 살펴볼 수 있습니다.

오카시오코르테스는 그린 뉴딜 법안을 미국 의회에서 처음으로 발의한 좌파 정치인입니다. 미국의 기후 운동 단체인 선라이스무브먼트의 지지를 받았죠. 그런데 2020년 대선에서 오카시오코르테스는 버니 샌더스와 마찬가지로 바이든을 지지하며 그의 선거 캠프에 참여해서 기후변화 분과의 공동 의장을 맡았습니다.

오카시오코르테스의 바이든 선거 캠프 참여는 소속 정당인 민주사회당의 결정을 위배하는 일이었습니다. 민주사회당은 바이든을 지지하지 않기로 결정했었거든요. 그럼에도 민주사회당은 당의 분열을 피하려고 오카시오코르테스를 즉각 비판하지 않았습니다.

바이든은 결국 약속을 저버렸습니다. 바이든은 알래스카에서 신규 유전 개발 계획을 승인하고 핵발전소의 수명을 연장했습니다.

바이든이 대선 전후에 약속한 기후·일자리·복지 예산은 의회에 제출할 정부안을 만드는 과정에서 4분의 1로 줄어 버렸어요. 어처구니없게도 이 과정에서 가장 적극적으로 예산을 삭감하려 애쓴 의원은 같은 민주당 소속의 상원의원 조 맨친과 키어스틴 시너마였습니다. 미국의 자본가들과 화석연료 기업들을 위해서였죠.

바이든은 우크라이나에서 대리전을 치르고 있고 미국 국내에서는 평범한 사람들의 생계를 개선하는 계획을 시행하지 않아, 공화당이 지지를 다시 끌어모을 기회를 얻고 있습니다.

이제 많은 미국 청년들은 4년 만에 다시 극우 트럼프와 배신자 바이든 사이에서 선택해야 한다는 현실에 커다란 환멸을 느끼고 있습니다.

그런데 오카시오코르테스와 그를 지지했던 민주사회당 내 다수 활동가들은 그래도 해법은 의회에 있다고 여기며, 현재 미국의 정치 지형에서는 민주당에 힘을 실을 수밖에 없다는 논리에 여전히 사로잡혀 있습니다. 샌더스와 오카시오코르테스는 그 논리적 결론으로 2024년 대선에서도 바이든을 대선 후보로 지지하겠다고 밝혔습니다.

이런 노선은 운동들이 의회적 해법으로 기울게 만들었습니다. 그럴수록 운동은 체제를 수호하는 기성 정치인들에게 끌려다니며 힘을 잃습니다. 그러는 사이 극우는 재기를 노리고 있고요.

아예 민주당에 입당한 다른 좌파 정치인들도 마찬가지였습니다. 그들은 한편으로는 정치를 시작할 때 품었던 대의와 다른 한편으로는 민주당 내에서 자신의 영향력을 늘리는 것 사이에서 딜레마를 겪곤 했죠. 그 둘의 방향은 서로 어긋나기 때문이죠.

작은 개혁이라도 이룰 힘은 아래로부터의 투쟁에서 나옵니다. 이런 관점이 확고해야, 공화당이냐 민주당이냐 하는 고약한 양자택일에서 벗어나는 대안을 건설할 첫걸음을 뗄 수 있을 것입니다. 미국의 좌파와 기후 운동이 지난 시기의 교훈을 잘 배워서 그런 대안을 건설해 나가기를 바랍니다.

기후 운동이 추구해야 할 전략은 무엇인가?

마틴 엠슨

극소수 갑부와 그들을 추종하는 정치인들을 제외하면, 2021년에 열린 26차 유엔 기후변화 협약 당사국 총회가 성과를 거뒀다고 말하는 사람은 드물다. 활동가들 사이에서는 애초에 기대가 거의 없었지만, 그럼에도 이 회의가 그토록 알맹이 없이 끝났다는 사실은 기후 운동 안에서는 중요한 물음들을 제기한다. 기후 정의를 쟁취하고 환경 재앙이 닥치는 것을 막으려면 어떻게 사람들을 움직이고 또 조직해야 하는가? 그리고 자본주의에 맞서는 것과 관련된 문제들이 그런 논쟁들을 관통하고 있기도 하다.

활동가들만 이런 주제로 씨름 중인 것은 아니다. [1976년부터 발행되는 학술지] 《환경·자원 연간 리뷰》 최신호에서는 기후 과학자 23명이 30년간 유엔 기후변화 협약 당사국 총회가 이어졌는데도 불구하고 "어째서 세계 온실가스 배출은 줄지 않았는가"라는 문제를 다뤘다. '틴들 기후변화 연구소'의 케빈 앤더슨을 포함한 이 과학자들이 도달한 결론은 아주 인상적이고, 활동가들과 사회주의자들의 주장과 비슷하다. 예컨대 다음과 같이 말한다.

지배적인 경제적·정치적 이해관계가 기존 질서를 유지하고 변화를 막으려고 적극 나서고 있다. …

기후변화의 원인은 또한 경제적·지정학적 분열이라는 더 커다란 맥락 속에 깊숙이 자리 잡고 있고 식민주의, 제국주의 등 체계적 부정의의 역사도 그런 맥락의 일부다.

그리고 이 연구가 제시하는 분석은 "'[인류의] 진보'에 대한 지배적인 패러다임에 심각한 이의를 제기하는 질문들을 전면으로 끄집어낸다. 거의 무비판적인 경제성장 추구, 임시방편의 정치, 편협하고 기술·경제주의적인 합리성이 이 패러다임의 본질적 특징이다." 또한 "이에 대안을 제시하고자 하는 세계관과 관점은 여태껏 주변화되거나, 약화되거나, 무시되는 경향이 있다."

또 기후변화 대응을 반대하는 데에 이해관계를 가진 세력은 흔히 "유력한 용의자"로 지목되는 화석연료 산업보다 훨씬 더 광범하다고 지적한다. 문제는 더 구조적인 데에 있고, [이런 문제의 해결책들은] "기존 질서를 약간 손본 형태와 조화를 이룰 수 없다." 과학자들은 다음과 같이 쓴다.

진정한 의미에서 결정적 임계점이 다가오고 있다. 어느 방향을 택하든, 미래는 현재와 급격하게 단절될 것이다.

사회는 기존 질서와 "양립 불가능한 방식과 규모로, 온실가스 배출을 급격히 근본적으로 줄이는 길을 선택할 수도 있다." 그러지 못한다면 현 체제의 "안정성이 감당할 수 있는 수준을 능히 뛰어넘을 혼란과 충격이 기후변화로 초래"될 것이다.

이 논문이 의미심장한 것은, 환경 과학자들이 점점 자본주의에 반대하는 방향의 결론으로 향하고 있다는 것을 보여 주기 때문이다. 환경 운동은 이런 현상에 주목해야 한다.

어떤 "체제 변화" 전략인가?

지난 10년 동안 환경 운동 안에서 반反자본주의는 강력한 요소였고 그 영향력이 커져 왔다. '기후변화가 아니라 체제 변화'라는 구호가 널리 퍼진 것이 이를 반영한다. 이 구호는 2009년에 열린 유엔 기후변화 협약 당사국 총회 회의장 밖에서 처음 울려 퍼졌고 이후 세계 곳곳 기후 시위에서 현수막과 팻말로 꾸준히 등장했다.

하지만 체제 변화가 무슨 뜻이고 이를 어떻게 이룰지를 두고는 물음이 많다. 현재 기후 운동에서 주되게 제시되는 전략은 여전히 '개혁주의'다. 여기서 개혁주의란 자본주의 자체에 도전하지 않고 자본주의를 지속 가능한 체제로 고쳐 쓰려 애쓰는 것을 가리킨다.

그런 전략하에서도 엄청난 수의 나무 심기, 방대한 지역의 재야생화, 재생 가능한 에너지로의 전환 등을 추구할 수 있다. 이런 구상들은 분명 좋은 취지에서 나온 것이다. 하지만 이런 구상들은 막대한 양의 온실가스를 갈수록 많이 배출하는 경제 체제라는 근본 문제에 도전하지 않는다. 자본주의에서는 기업 간 경쟁 때문에 모든 것이 이윤을 극대화하는 데 종속된다.

그런데 개혁주의 전략들은 이런 자본축적의 논리와 단절하지 않는다.

개혁주의 전략들의 또 다른 문제는 각종 생태 위기들과 사회적 불의를 초래한 식민주의 유산이나 오늘날의 제국주의 문제에 도전하지 않는다는 것이다.

운동 내 소수는 [체제를 바꾸는 문제에서] 이와는 다른 결론을 도출해 낸다. 안드레아스 말름은 널리 읽힌 도발적인 저서 《송유관을 폭파하는 방법》에서 화석연료 기반 시설을 겨냥한 대중적·전투적·폭력적 행동에 나서야 한다고 주장한다. '영국을 단열하라'[단열 주택의 보급을 요구하는 운동 단체] 등의 다른 단체들은 소수 활동가의 비폭력 직접행동으로 [도시의 일부나 기업 활동 등을] 마비시키려 한다. 예컨대, 도로 점거를 통해 자신들의 요구를 알리는 것이다.

하지만 이런 두 운동 경향은 여러 방식으로 서로 맞닿아 있기도 하다.

말름은 기후변화 대응의 진전을 막아 온 정부들과 기업들을 강하게 비판한다. 또 자본주의가 생태 재앙을 일으키고 그 핵심부를 차지하는 화석연료 산업을 벗어던지지 못하는 것이 체제의 구조적 본성 때문이라고 분석한다. 이렇듯 자본주의에 대한 분노 때문에, 기존의 운동이 유엔 기후변화 협약 당사국 총회 등 각종 회의에서 충분한 조처를 이끌어 내지 못한 것 때문에, 많은 사람들은 더 전투적인 행동의 필요성을 느낀다. '멸종 반란'의 대규모 동원도 그랬고, 규모는 훨씬 작지만 최근 '영국을 단열하라'의 행동도 그런 사례다.

운동이 비폭력 노선을 따라야 한다는 주장에 말름은 대단히 비판적이다. 그는 [2018년 영국에서 시작된 국제 환경 단체] '멸종 반란XR' 지도부 등 운동 내 일부가 비폭력을 금과옥조처럼 떠받든다고 비판하는데, 옳은 지적이다. 그런 사람들은 과거에 사회운동들이 어떻게 변화를 쟁취했는지를 잘못 이해하고 있다.

노예제 폐지 투쟁이나 남아프리카공화국의 인종 분리 체제에 맞선 투쟁, 시민권과 보통선거를 쟁취하기 위한 투쟁 등에서는 비폭력 대중 행동뿐 아니라 사유재산에 대한 폭력적 공격도 함께 벌어질 때가 많았다고 말름은 지적한다. 변화를 막기 위해서라면 국가 폭력을 거리낌 없이 휘두르는 세력들과 대결해야 했기 때문이다.

하지만 이로부터 말름은, 이 체제의 화석연료 문제를 해결하려면 사유재산을 겨냥한 공격을 늘려 화석연료 산업의 수지

타산이 맞지 않도록 해야 한다는 주장으로 나아간다. 그는《송유관을 폭파하는 방법》에서 다음과 같이 썼다.

수백만 명이 참가하는 운동이 먼저 해야 하는 것은 이런 것이다. [화석연료 — 엠슨] 전면 금지를 천명하고 강제 집행하는 것이다. 신규 이산화탄소 배출 장치들을 망가뜨리고 파괴하라.
그것들을 못 쓰게 만들고, 산산조각 내고, 파괴하고, 불사르고, 폭파시켜야 한다. 지구를 계속 불태우는 일에 투자하는 자본가들에게 자신의 재산이 휴지 조각이 될 것임을 알게 하라. … 설령 정부의 금지 명령을 이끌어 내지 못한다 해도, 우리의 몸과 다른 모든 수단을 강구해서 실질적으로 금지시킬 수 있다.

성과를 거둔 운동들의 공통점

화석연료 산업을 겨냥한 행동으로 화석연료 확장을 막을 수 있을지도 모른다. 하지만 과거에 벌어진 가장 강력한 운동들은 몇몇 개인이나 단체가 화석연료 시설 타격 공작에 나서는 운동이 아니라 대중적 저항을 벌이는 운동이었다. 송유관이나 셰일 유전 등의 설비에 반대하는 운동들(급진적 저술가 나오미 클라인이 "블록카디아"라고 부르는 운동)은 대중운동과 직접행동을 결합했을 때 가장 큰 성공을 거뒀다.

[석유 기업] 쉘은 [영국 북해] 캄보 유전 사업을 포기하면서 "이 프로젝트의 경제적 근거가 현재로서는 충분히 강력하지 못하"고 "잠재적으로 사업이 지연"될 가능성 때문이라고 관련 보도 자료에서 밝혔다. 이 발표가 나온 시점은 26차 유엔 기후변화 협약 당사국 총회 기간 중 스코틀랜드에서 최소 10만 명 이상이 시위에 나선 직후였다. 쉘이 "잠재적 사업 지연"을 우려한 것은 환경 단체들이 26차 유엔 기후변화 협약 당사국 총회 이후 캄보 유전 반대 시위를 벌이려고 준비 중이었기 때문이다.

잉글랜드 지역에서는 2019년 보수당 정부가 셰일 개발 중단을 선언했는데, 이것도 대중운동의 성과였다. 당시 셰일 유전 거점 투쟁과 차량 저지 투쟁이 대규모 시위와 결합됐다. 대다수 노동조합 운동이 셰일 개발에 반대하고 나선 것이 결정적이었다. 활동가들은 환경에 해로운 화석연료에 기대지 않으면서도 더 많은 일자리를 제공하는 대안이 있다는 점을 성공적으로 납득시켰다.

미국 [원주민 보호구역] 스탠딩록에서 벌어진 '다코타 액세스'

송유관 건설 반대 투쟁도 대중적 저항으로 가장 큰 성공을 거뒀다. 이 운동은 원주민이 이끌었고 환경 운동가와 노동자는 물론 재향군인들의 지지도 받았다.

스탠딩록 농성장에는 최고 1만 5000명까지 결집했다. 키스톤XL 송유관 건설을 저지한 운동에서도 수만 명이 백악관을 향해 행진하는 등 대규모 시위가 직접행동과 결합됐다. 그런 거대한 압력이 있었기에 당시 대통령 버락 오바마는 송유관 건설을 중지시켰다. 트럼프는 사업을 다시 허가했지만, 조 바이든이 임기 첫날 사업 허가를 취소했다. 키스톤XL 송유관 건설을 맡았던 TC에너지는 결국 사업을 포기했다.

규모, 대안, 연대

이 사례들은 화석연료 신규 개발을 막는 것이 가능하다는 것을 보여 준다. 하지만 그러려면 특정 대상을 향한 전투적 전술(봉쇄와 차단)과, 기업과 정치권을 겨냥한 대규모 시위를 결합하는 대중운동이 필요하다.

운동의 규모가 커질수록 더 광범한 사회 세력들을 화석연료 기업에 반대하는 쪽으로 끌어들일 가능성도 커진다. 노동조합 운동을 셰일 개발 반대 입장으로 설득하려고 영국 활동가들은 노동자들이 참여할 수 있는 시위와 행동을 기초로 거대한 항의 운동을 건설하려 했다. 동시에 일자리를 만들고 지역사회를 지킬 대안도 제시하려 했다. 노동조합들의 참여는 다시 환경 운동에 자신감과 연대를 제공했다. 또 노동자들이 체제에 도전할 잠재력에 관한 논의도 제기됐다(노동자들이 이윤의 원천이기 때문이다).

반대로, 투쟁적인 소수 활동가의 행동만으로는 나머지 사회 구성원들에게서 고립되기 쉽다. 예컨대, 1990년대에 '지구 먼저!' 활동가들이 미국 태평양 북서안 고목림 벌목과 야생 서식지 파괴에 반대하는 캠페인을 벌이자 정부와 벌목 기업들은 논쟁의 구도를 '일자리냐 환경이냐'로 몰아갔다. 그 탓에 현지에서는 다음과 같은 문구의 스티커를 붙인 차량을 심심찮게 볼 수 있었다. "벌목 노동자는 지키고 부엉이는 잡아먹자." 반대 편향으로, 일부 환경 운동가들은 벌목 노동자와 벌목 기업 사장을 싸잡아서 비난했다. 노동자들은 일자리와 환경을 지키는 투쟁에서 중요한 구실을 할 잠재력이 있었지만 환경 운동가들은 그들과 단결할 접점을 찾아내지 못했다.

안드레아스 말름 전략의 난점

거대 기업들이 석유, 천연가스, 석탄을 계속 채굴하고 정부가 아무 조처도 취하지 않는 것에 분개하는 사람들에게 화석연료 산업을 타격하자는 말름의 전략은 매력적으로 들릴 것이다. 하지만 그 전략은 말름의 생각처럼 전개되기 어렵다.

말름은 국가가 그런 활동가들을 상대로 휘두를 탄압을 과소평가한다. 도로 점거 시위에 나선 활동가 최소 10명이 최고 4개월 징역형을 선고받고 2021년 연말 연휴를 감옥에서 보내야 했다. 이보다 훨씬 더 가혹한 탄압도 얼마든지 벌어질 수 있다. 2021년 3월 시위제한법 항의 시위에 참가한 라이언 로버츠는 14년 징역형을 선고받았다.

자본주의 국가는 기업의 이윤을 지키기 위해서라면 폭력을 휘두르고 무거운 형량으로 위협하기를 조금도 망설이지 않아 왔다. 역사의 비극이게도, 자본가들을 위한 이런 국가 지원의 수혜자는 화석연료 기업인 경우가 많았다. '오고니 9인' 사례를 기억할 만하다. 오고니 9인은 쉘이 고향을 파괴하는 것에 맞서 싸우다 1995년 나이지리아 국가에 의해 처형된 원주민 환경 운동가 9명이다.

체제에 저항하는 개인들을 상대로 자본주의 국가가 무지막지한 탄압을 휘두를 수 있다는 점이 말름식 전략에 가장 큰 장벽이 된다. 일부 사람들(설령 그 참가자가 아주 많더라도)이 관련 기반 시설을 타격하는 것만으로 화석연료 산업을 멈추겠다는 전략은 이 약점을 피할 수 없다.

사회주의자들은 도로를 점거하고, 유정油井 가동을 중단시키고, 화석연료 기반 시설을 못 쓰게 만드는 문제에서 국가를 편들지 않는다. 동시에 사회주의자들은 그런 전략으로는 사회와 경제의 근본적 변화를 이룰 수 없다고도 주장해야 한다. 예컨대, 말름은 분명 급진적이지만 그의 전략도 개혁주의적 결론으로 귀결된다. 26차 유엔 기후변화 협약 당사국 총회가 끝난 후, 그는 〈가디언〉에 기고한 글에서 다음과 같이 썼다.

기후 재앙을 늦춘다는 것은 그 자체로 화석 자본의 종말을 의미한다. 즉, 화석연료로 더는 이윤을 얻지 못하게 된다는 것이다. … 그리고 만약 정부가 최고 엘리트의 명령을 따르느라 이런 일에 착수할 능력이 없다면, 다른 사람들이 나서야 한다. 활동가들에게 화석연료를 폐지할 능력이 있기 때문은 아니다(그럴 잠재력은 국가만 갖고 있다). 그보다는 그런 압력을 형성하는 것이 활동가들의 역할이기 때문이다.

말름이 보기에는, 가장 급진적 형태의 운동이라 하더라도 그것은 자본주의 체제가 화석연료와 멀어지는 방향으로 나아가도록 촉구하기 위한 것에 지나지 않는다는 것이다.

지금까지의 성취와 과제

이 모든 논의가 26차 유엔 기후변화 협약 당사국 총회 이후 기후 운동에 뜻하는 바는 무엇일까? 첫째, [회의 장소였던] 글래스고에서 확인된 운동의 거대한 규모와 급진성의 의의를 충분히 이해해야 한다. 실로 대중적이었던 그 운동은 그간 과소 대표되던 각종 집단의 참여를 끌어올리기 위해 분투한 성과였다.

기후 정의 문제에 초점을 맞춘 덕분에 인종차별 반대 운동, 난민·이주민 단체, 개발도상국과의 연대를 위해 투쟁하는 단체 등이 이 운동의 지도부에 포함될 수 있었다. 앞으로도 이처럼 환경 운동과 기후 정의를 요구하는 운동 사이의 연계를 더 발전시켜야 한다.

운동을 충분히 광범하게 유지하는 것도 중요한데, 누구든 운동 안에서 자기 자리를 찾을 수 있어야 하기 때문이다. 또한 개별적 직접행동을 대중 시위와 대립시키는 일이 벌어지지 않도록 해야 한다. 그 대신 다종다양한 전술을 전부 포괄할 수 있어야 한다. 하지만 동시에 운동은 자본가 권력을 겨냥하는 데에 전략적 초점을 맞추고, 자본주의를 타도할 사회 세력, 즉 노동계급의 자신감을 북돋는 구실을 해야만 한다.

대중적 기후 운동이 더 많은 사람들로 뻗어 나가고 더 광범한 사회 세력들을 끌어들이도록 해야 한다. 특히 노동자 단체들을 끌어들이는 것이 중요하다.

영국 노동조합 운동 안에서는 기후 대응을 놓고 첨예한 논쟁이 벌어지고 있다. 영국 노총TUC 대의원 대회는 핵발전과 천연가스 생산을 지지하는 결의안을 통과시켰다. 그 결의안은 '정의로운 전환'을 촉구하기는 했다. 하지만 기후변화 대응이 노동자들을 위협한다고 강하게 전제하고 있고, 그 결과 '영국 상품과 영국인 일자리를 지키도록' 노조가 싸워야 한다고 주장한다.

그럼에도 26차 유엔 기후변화 협약 당사국 총회 기간 중 '기후 정의 세계 공동 행동 집회'에 노조의 참가가 많았던 것은 좋은 일이었는데, 전국 단위 노조들이 연대체 'COP26 동맹'을 공식 지원한 덕분이었다.

11월 5일[세계 공동 행동 집회 전날] 글래스고에서는 파업을 벌이던 지자체 청소 부서 노동자들이 기후 파업에 동참했고 그레타 툰베리가 그 대열의 선두에 섰다. 그 노동자들은 다음 날 대규모 행진에도 참여하면서 "기후 정의와 사회정의는 하나다" 하고 외쳤다(이 노동자들의 노조 상급 단체인 일반노조GMB는 영국 노총의 후진적인 결의안을 지지했지만 말이다). 이런 사례가 더 많이 필요하다. 사회주의자들이 나서서 노동자들이 자기 일자리와 노동조건을 지키기 위한 투쟁을 더 광범한 환경 투쟁과 연결 짓게 해야 한다. "100만 기후 일자리" 보고서의 주장들은 작업장에서의 정의를 요구하는 투쟁이 탄소 '제로' 사회와 얼마나 긴밀하게 연결돼 있는지를 훌륭하게 보여 준다.

지속 가능한 사회의 비전

하지만 노동자 조직의 참여가 중요한 또 다른 이유는 노동자들이 자본주의 사회에서 핵심적 구실을 하고 있기 때문이다. 근본에서, 이 사회가 굴러가는 것은 노동자들이 있기 때문이다. 팬데믹 동안에도 필수 산업이 멈추지 않을 수 있었던 것은 누구 덕분인가? 정부와 기업주들은 감염 위험이 가시지 않았는데도 왜 그토록 노동자들을 다시 일터로 몰아넣으려 했는가? 다시금 이윤을 뽑아내기 위해서였다.

다시 말해, 노동자들에게는 기후변화를 일으키는 이 체제의 스위치를 꺼 버릴 막중한 '사회적 힘'이 있다. 노동자들이 자본주의에서 전략적 힘을 발휘할 수 있기 때문에 혁명적 잠재력을 갖는다는 점을 말름은 보지 못하고 있다.

그렇다고 해서 노동자들이 자동으로 기후 운동에 결합할 것이라는 말은 아니다. 하지만 기후변화가 세계 도처에서 파괴적 양상을 드러내는 만큼, 투쟁 속에서 사회정의를 위한 투쟁과 기후 정의를 위한 투쟁을 결합시킬 가능성은 분명히 있다.

사회주의 조직이 더 광범한 투쟁들에서 그토록 중요한 이유가 바로 여기에 있다. 노동자들의 힘, 특히 노동자들이 파업을 통해 발휘하는 경제적 힘을 간과하면 '대리주의적' 급진주의가 운동에서 만연할 수 있다. 즉, 소수의 개인들이 전체 운동을 대신하는 행동에 나설 경우 국가는 어렵지 않게 이를 물리치고 파괴할 수 있다. 사회주의 조직이 더 강력하고 그 영향력이 더 클수록 다양한 운동을 서로 연결시키고, 지속 가능한 미래에 대한 반자본주의적 비전을 제시하는 일도 더 수월해질 것이다.

생산을 합리적·민주적으로 조직하는 사회를 건설하려면 노동자들이 권력을 잡아야 한다. 그런 사회에서는 이윤이 아니라 인간의 필요를 위해 생산할 것이다. 우리는 그런 노동자 권력의 맹아적 형태를 파업에서 발견할 수 있다.

그렇게 탄생하는 새로운 사회주의 사회에서는 자본주의 사회의 본성인 비합리성, 무질서, 이윤 추구가 사라질 것이다. 이를 위해서는 혁명, 평범한 사람들이 권력을 차지하고 결정권을 쥐는 혁명이 필요하다. 사회주의자들은 2022년에 활력을 되찾을 환경 운동을 내다보며 이런 비전을 갖고 전략적 논의에 임해야 할 것이다.

출처: Martin Empson, "How can we stop capitalism's climate cop-outs?", *Socialist Worker*(2022-01-15).

마틴 엠슨은 영국의 환경 운동가이고 마르크스주의자다. 기후변화저지운동(CaCC)의 운영위원이고, 사회주의노동자당(SWP)의 오랜 당원이다. 《토지와 노동: 마르크스주의, 생태학, 인류의 역사Land and Labour: Marxism, Ecology and Human History》(2015), 《사회주의냐 멸종이냐: 생태 위기 시기에 혁명의 의미Socialism or Extinction: The meaning of revolution in a time of ecological crisis》(2022) 등을 썼다. 한국에 번역된 책으로는 《기후 위기, 불평등, 재앙: 마르크스주의적 대안》(2021, 공저) 등 여러 권이 있다.

기후 위기 해결 가로막는 제국주의 경쟁

임준형

기후변화로 세계 곳곳에서 많은 사람들이 고통받고 있다. 중동 지역은 살인적인 더위와 갈수록 깊어지는 가뭄으로 신음한다. 북극의 빙하가 녹고 해수면이 상승하면서 태평양과 카리브해의 작은 섬들이 가라앉을 위기이고, 해안 저지대는 태풍과 해일에 취약해지고 있다. 이런 재난을 보며 많은 사람들이 각국 정부에 기후변화를 막기 위한 대책을 실행하라고 촉구하고 있다.

그러나 강대국 지배자들은 전혀 다른 관점에서 기후변화를 걱정한다. 한국에 번역·출간된 책《기후 붕괴, 지옥문이 열린다》(마이클 클레어, 경희대학교출판문화원, 2021)는 미국 지배자들이 군사적·지정학적 측면에서 기후변화에 어떻게 대응하고 있는지를 잘 보여 준다.

북극 자원을 둘러싼 경쟁

예컨대 기후변화로 빙하가 녹기 시작하자 북극이 새로운 요충지로 떠오르고 있다. 북극권에는 아직 발견되지 않은 세계 석유의 약 13퍼센트와 철, 구리, 우라늄, 희토류 등 경제적 가치가 있는 광물 자원이 상당량 매장돼 있다고 한다.

만약 미국의 경쟁 국가가 북극의 석유를 장악하면 미국의 석유 지배력이 약화될 수 있다. 한편, 기후변화로 중동의 많은 지역에서 여름 평균기온이 43~49도까지 올라가는 기간이 길어져 야외 노동이 거의 불가능해질 것이라는 예측이 적지 않다. 이 때문에 중동의 석유 공급이 불안정해지면 북극의 석유가 더 중요해질 수도 있다.

북극을 둘러싼 강대국들의 경제적·군사적 경쟁은 이미 현재 진행형이다. 2016년 미국은 북극과 인접한 노르웨이에서 나토 회원국들과 1만 5000명 규모의 군사훈련을 벌였다. 러시아가 북극권에서 노르웨이로 침입하는 상황을 가정한 훈련이었다. 또 미국은 2019년에 북극해에서 '항행의 자유 작전'을 시작한다고 발표했다.

중국 역시 2018년에 첫 번째 북극 정책을 공개하는 등 북극을 일대일로 사업의 한 부분으로 여기고 있다. 중국 국영 석유 기업들은 노르웨이와 그린란드 등 북극에 인접한 국가들과 함께 북극해에서 시추를 시작하겠다는 계획을 발표했다.

제국주의적 경쟁 속에서 "온난화는 팽팽한 [긴장] 상황이 공공연한 전쟁으로 넘어가도록 쿡 찔러주는 결정적인 요인"이 될 수 있음을 보여 주는 사례다(《기후 붕괴, 지옥문이 열린다》).

저항 운동 억제와 서민층에 고통 떠넘기기

미국은 동맹국들이 기후변화가 낳은 재난에 제대로 대처하지 못해 정치적 격변에 휩싸일 것을 우려하기도 한다. 예를 들어, 2010년 세계 여러 곳에서 동시다발로 벌어진 이상 기후로 곡물 수확량이 크게 줄자 식량 가격이 전 세계적으로 폭등했다. 식량을 절반 이상 수입에 의존하던 중동과 북아프리카 국가들이 큰 타격을 입었다.

식량 가격 폭등은 기존의 권위주의 정권에 대한 불만과 결합됐다. 이는 2010년 12월 튀니지에서 시작돼 순식간에 중동 전역으로 번진 아랍 혁명의 한 배경이었다. "이 지역을 휩쓴 뜨거운 혁명의 물결은 … 정치적 지형을 영구히 바꾸어 놓으며 미국에 새로운 안보 과제를 잔뜩 안겨 주었다. 이집트의 대규모 시위는 결국 미국의 오랜 동맹이었던 호스니 무바라크 대통령을 축출하는 데 성공을 거두었다"(《기후 붕괴, 지옥문이 열린다》).

강대국들은 직간접 개입으로 아랍 혁명을 좌절시키고 패권을 유지하려 했다. 가장 비극적인 사례 중 하나는 시리아 혁명이었다. 미국과 러시아, 터키, 이란 등 세계적·지역적 강대국들이 저마다의 지정학적 이해관계에 따라 군사적으로 개입했고 시리아는 세계에서 가장 많은 난민이 발생하는 생지옥이 됐다.

강대국 정부들은 국내에서는 서민들의 기후 위기 피해를 가중시켰다. 미국에서는 2005년 허리케인 카트리나가 뉴올리언스를 휩쓸어 2000여 명이 사망했다. 이라크 전쟁 비용을 충당하려고 홍수 방지 예산을 삭감한 것이 피해를 키웠다. 구호 물품이 오지 않아 생존자들이 상점을 침탈하자, 미군 제82공수 사단이 뉴올리언스에 배치됐다. 미국 도시에 군대가 배치된 것은 1992년 로스앤젤레스 반란 이후 처음이었다.

군비 증강 경쟁

강대국들의 군비 증강은 그 자체로 기후변화를 악화시키는 요인이다. 예컨대 미군은 전 세계에서 온실가스를 가장 많이 배출하는 조직이다. 미군보다 온실가스를 적게 배출하는 나라가 스웨덴, 핀란드, 뉴질랜드, 노르웨이, 스위스 등 140개나 된다. B-52 폭격기 한 대가 한 시간 비행하려면 도시에서 승용차를 7년 동안 몰 정도의 휘발유가 필요하다. 미국 정부는 1997년 교토 의정서를 채택할 때 군사 용도의 온실가스 배출을 집계에서 제외하게 만들기도 했다.

미군은 최근 석유 사용량을 줄이고 재생에너지를 개발하려 노력한다고 한다. 2016년 미군이 사용한 석유량은 2011년보다 20퍼센트 줄었다. 2016년 미군은 바이오연료를 사용하는 선박으로 함대를 구성하고는 이에 "대차녹색함대"라고 이름 붙이기도 했다. 그러나 이는 기후변화를 막기 위해서가 아니라 군사적 필요에 따른 것이다. 아프가니스탄·이라크 전쟁에서 적군의 공격으로 보급선이 끊기는 일이 빈발하자 각 부대가 에너지를 더 효율적으로 사용하거나 자급자족할 수 있게 할 필요성이 생긴 것이다. 미군이 발표한 한 보고서는 다음과 같이 표현했다. "전투는 많이, 연료는 적게."

《기후 붕괴, 지옥문이 열린다》는 이런 변화가 어쨌든 결과적으로 좋은 효과를 낳았다며 주목한다. 하지만 이런 평가는 전쟁의 목적이 석유 지배력과 세계적 패권의 확보였다는 점을 간과한 것이다. 지배자들이 핵발전을 유지하려는 진정한 속내도 군사적 경쟁에서 우위를 점하기 위해 핵무기를 손에 넣는 것이다. 그러고는 이를 정당화하려고 핵발전이 기후변화의 대안인 것처럼 주장한다. 그러나 체르노빌 핵발전소 사고와 후쿠시마 핵발전소 사고 등이 보여 준 방사능 누출 위험은 차치하더라도, 핵발전이 탄소를 배출하지 않는다는 주장은 거짓말이다. 우라늄 채굴부터 핵발전소 건설과 폐기물 보관까지 모든 단계에서 온실가스가 발생한다.

2016년 전 세계의 기후 관련 재정은 전 세계 군사비의 12분의 1에 불과했다. 스톡홀름국제평화연구소는 2018년 전 세계에서 군사비 지출이 1조 8000억 달러(2100조 원)에 달했다고 추산했다. 2019년 한국의 국방 예산은 46.7조 원이었던 반면, 환경부의 기후변화 대응 예산은 792억 원에 불과했다. 이런 돈을 재생에너지를 늘리고, 대중교통 체계를 개편하고, 단열 설비가 잘 갖춰진 주택을 저렴하게 공급하고, 기후 재난으로 피해를 입는 사람들을 지원하는 데에 써야 한다. 기후 위기에 맞선 운동이 제국주의적 경쟁에도 반대하고, 기후 위기와 제국주의를 낳는 근원인 자본주의 체제에 도전해야 하는 까닭이다.

출처: 임준형, "기후 위기 해결 가로막는 제국주의 경쟁", 〈노동자 연대〉 390호(2021-10-26).
임준형은 〈노동자 연대〉의 기자이고 《왜 난민을 환영해야 하는가?》(2019)의 공저자다.

위기의 시대에 필요한 정치는 무엇인가?

찰리 킴버

혁명이 일어나지 않으면 우리는 머지않아 인류 전체를 포함해 모든 중요한 것이 절멸될 엄청난 위험에 처할 것입니다. 그래서 혁명적 조직의 필요성이 더욱 시급해졌습니다.

절멸을 불러올 세 거인의 출현을 우리는 너무나도 분명하게 목도하고 있습니다. 그 세 거인은 바로 앞으로도 계속될 팬데믹, 전쟁, 기후 위기입니다. 세 쟁점은 서로 나란히 병존하는 단순한 덧셈 관계에 있지 않습니다. 셋의 관계는 덧셈 관계가 아니라 곱셈 관계입니다. 각 쟁점은 서로를 강화하고 심화시키고 있습니다. 지금 상황을 봅시다.

우크라이나 전쟁이 벌어지자 기후 위기 대응은 거의 방치됐습니다. 전 세계 지배계급은 기후 문제에 대처해 뭐라도 하는 척하는 것마저 포기해 버렸습니다. 갑자기 석탄, 석유, 가스가 대규모로 사용되기 시작했고, 지배계급은 이것이 어떤 결과를 초래할지에는 조금도 관심이 없습니다. 전쟁이 기후 위기를 엄청나게 악화시킨다는 사실도요.

기후 위기는 경제 위기와 경제 혼란을 심화시키고, 국민국가들 사이의 경쟁을 더욱 첨예하게 만들고 있습니다. 그 결과 개발도상국에 무자비한 압력이 무계획적으로 가해지고 있고, 이는 또 다른 종류의 팬데믹(현재는 코로나바이러스로 대표되는)을 초래할 수 있습니다.

그리고 이런 과정은 심화하는 국가 간 경쟁과도 맞물려서 서로를 증폭시키고 있습니다. 국가 간 경쟁은 환경 파괴뿐 아니라 전쟁을 낳는 긴장으로도 이어집니다. 뒤에서 다시 말하겠지만, 현재 우크라이나에서 벌어지고 있는 나토와 러시아의 대리전은 다가오는 중국과의 충돌과 직접적으로 연관돼 있습니다.

이 모든 것들은 서로 얽혀 있습니다.

우리는 자본주의가 죽음을 낳는 체제라는 것을 알아야 합니다. 코로나바이러스 대유행하에서 일어난 일들을 떠올려 보십시오. 경종을 울리는 일이었습니다. 공식적으로 650만 명이 팬데믹으로 사망했습니다. 사회주의 사회라면 이 모든 사람이 죽지 않았을 것이라는 말은 아닙니다. 그러나 이윤이 아니라 사람들의 생명이 우선순위인 사회라면 상당수가 살아남았을 것입니다. 하지만 지금은 우리 모두의 삶이 바이러스를 없애는 것이 아니라 경제를 재가동하는 데에 종속돼 있죠. 그리고 이 때문에 코로나바이러스 재확산이 되풀이되고, 보건·의료 노동자, 청소 노동자, 배달 노동자, 학교와 병원에 있는 사람들, 나아가 인류 전체가 위험에 빠져 있는 것입니다.

공식 발표된 코로나 사망자 수는 650만 명이지만, 세계보건기구의 추산이나 친기업 잡지인 〈이코노미스트〉의 추산에 따르면, 초과 사망자 수, 즉 공식 사인과 관계없이 평소 수준을 넘어서는 사망자 수는 1800만~2000만 명에 달합니다.

팬데믹하에서 2년 6개월 동안 죽은 사람의 수가 제1차세계대전 개전 이래 4년 동안 죽은 사람의 수보다 더 많은 것입니다. 물론 오늘날 인구가 당시보다 훨씬 많기는 하지만, 그래도 이 수치는 시사하는 바가 있습니다. 바로 지배자들이 자신의 체제에 타격을 입힐 바에는 차라리 보통 사람들을 죽음으로 내몰 태세가 돼 있다는 것입니다.

이는 기후 위기에 관한 경고이기도 합니다. 수많은 회담과 회의가 있었습니다. 그러나 최근 유엔 기후변화에 관한 정부 간 협의체가 발표한 수치들을 보십시오. 이 수치는 좌파들과 마르크스주의자들이 꾸며 낸 공상 같은 게 아닙니다. 유엔 기후변화에 관한 정부 간 협의체는 권위 있는 과학자들이 모인 곳입니다. 그런 기구에 따르면, 지금[2022년]으로부터 8년 뒤인 2030년까지 아프리카에서 2억 5000만 명이 심각한 물 부족에 시달릴 것이고, 최대 7억 명이 살던 곳을 떠나게 될 것입니다. 그 7억 명의 난민에게 무슨 일이 일어날지 상상해 봅시다. 유럽연합 소속 국가들이나 여타 국가가 '현 상황을 엄청난 비상사태로 인식하며 국경을 열겠다' 하고 발표하며 난민들을 환대할까요? 꿈에서라도 결코 그러지 않을 것입니다. 그 결과 수억 명이 무시무시한 상황에 직면할 것입니다. 자본주의가 그들에게 '그 자리에 가만히 있다가 죽으라'고 할 것이기 때문입니다. 이것이 이 체제가 그들에게 보낼 메시지일 것입니다.

지배자들이 코로나바이러스에 대처해 온 방식을 보면 그들이 앞으로 기후 위기에 어떻게 대처할지도 알 수 있습니다. 전쟁은 또 어떻습니까? 한번 떠올려 보십시오. 전쟁과 팬데믹이라는 거인이 '내가 더 많은 사람을 죽일 수 있어' 하며 다투고 있고, 그 옆에는 기후 위기라는 거인이 '이봐, 여기 나도 있다고, 나도 있어' 하고 말하는 모습을요.

팬데믹이 최근에 다시 돌아왔다면, 전쟁 문제는 지난 몇 달간 훨씬 첨예해진 모습으로 돌아왔습니다. 이틀 전[2022년 6월 30일] 스페인 마드리드에서 열린 나토 정상 회의에서 채택된 결정문을 인용해 보겠습니다. 그 회의에 모인 전쟁광들은 "전략 개념"이라고 하는 새로운 전략 문서를 채택했습니다. 그 문서의 22번 항목은 다음과 같습니다.

우리는 핵무장을 한 대등한 경쟁자에 맞서기 위해 고강도, 다영역 전투 등에 필요한 전방위적 수단을 개별적·집단적으로 확보할 것이다.

이게 무슨 뜻일까요? 제3차세계대전을 준비하겠다는 것입니다. 핵무기 사용 가능성을 열어 둔 세계대전 말입니다.

오랫동안 핵전쟁은 먼 미래의 일로 여겨졌습니다. 제가 초등학생이던 1962년에 벌어진 쿠바 미사일 위기 때, 세계가 종말을 맞이할지도 모른다는 분위기가 만연했던 것이 기억납니다. 그런 순간이 몇 번 있었죠. 그러나 지금처럼 핵전쟁의 가능성이 가깝게 느껴진 적은 없었습니다. 물론 아마겟돈까지는 아닐지 몰라도 전장에서 핵무기가 동원될지도 모를 끔찍한 전망이 펼쳐지고 있습니다.

기후변화가 조만간 수많은 사람들의 삶을 위협하고, 거대한 전쟁이 다시 벌어지고, 팬데믹이 다시 돌아올 것이라는 얘기는 저만 하는 얘기가 아닙니다. 다름 아닌 친자본주의적 국제기구인 유엔의 사무총장 안토니우 구테흐스가 바로 얼마 전 [2022년] 6월 초에 "온갖 것이 한꺼번에 덮치는 '퍼펙트 스톰'이 다가오고 있다"고 말했습니다. 6월 30일 세계보건기구 사무총장 테워드로스도 "간단히 말해, 우리는 역병, 전쟁, 광범한 죽음에 직면해 있다"고 했죠. 정말로 이 모든 재앙이 다 같이 몰려오고 있습니다. '시간이 얼마 남지 않았다'고들 하는데요, 정말로 시간이 얼마 남지 않았습니다.

게다가 개발도상국과 빈국에 사는 수많은 사람들에게는 이미 시간이 다 됐습니다. 앞으로 기후변화가 많은 사람들의 삶을 망가뜨릴 것이라고요? 기후변화는 개발도상국과 빈국에 사는 수많은 사람들의 삶을 이미 망가뜨렸습니다. 전망이 결코 고무적이지 않죠.

이러다가 세상이 종말을 맞이할 것이라는 말만 하다 끝날 것도 같은데, 정신을 집중해서 무엇을 해야 할지 고민해야 합니다.

운동 내 유력한 두 가지 정치와 그 한계

최근 몇 달간 떠오른 사고방식은 크게 두 가지입니다. 하나는 이 시스템이 어떻게든 문제를 해결하리라 기대하는 것입니다. 이 시스템을 제어하는 자들이 그 안에서 어떻게든 해결책을 내놓고 최악의 상황은 피할 것이라는 얘기죠. 저는 이런 해법을 믿지 않습니다. 그들이 팬데믹하에서 한 짓을 봤기 때문입니다. 또 26차 유엔 기후변화 협약 당사국 총회 같은 회의에서 무엇을 하는지 알기 때문입니다.

2021년에 열린 26차 유엔 기후변화 협약 당사국 총회는 전 세계가 기후 위기 대책의 실행을 준비하는 자리가 될 것이라고들 했습니다. 그러나 그들은 아무것도 하지 않았습니다. 정말 아무것도 하지 않았어요. 26차 유엔 기후변화 협약 당사국 총회는 지난 수십 년간 걸어온 실패의 역사에 한 줄을 더 보탰을 뿐입니다.

올해[2022년] 말 이집트에서 다음 회의가 개최될 예정입니다. 이집트라니요! 기후 위기를 논의하는 국제회의를 열기에 정말 좋은 곳이지 않습니까? 세계에서 가장 악랄한 독재 정권이 있는 곳이니 말이죠. 그 회의는 '그린 워싱'을 위한 회의가 될 것입니다. 그다음 개최국은 아랍에미리트입니다. 석유 매장량이 어마어마한 나라이자 역시 악랄한 독재국가죠. 네, 점점 더 가관인 것입니다.

이런 사람들이 변화를 가져오리라 기대하는 것은 공상입니다. 그런 기대가 공상인 이유는 그 사람들이 바로 자본주의 체제의 수혜자, 즉 기후 위기와 팬데믹을 야기하고 끊임없이 전쟁을 낳는 체제의 수혜자들이기 때문입니다. 그들은 우리가 원하는 변화를 가져오지 않을 것입니다.

한편, 또 다른 사고방식이 부상하고 있습니다. 직접행동에 나서서 사적 소유를 파괴하며 기업에 맞서자는 사람들이 있습니다. 물론 사회주의자들도 직접행동이나 기업에 맞서는 활동을 하지만, 그들의 방식은 좀 다릅니다.

물론 저는 본능적으로 그들에게 더 공감을 느낍니다. 저는 의회를 통해 변화를 이끌어 낼 수 있다고 생각하는 사람들보다, 기후변화를 막자며 SUV 차량 타이어에 구멍을 내는 활동을 하는 사람들에게 훨씬 더 동질감을 느낍니다.

제가 이 주제로 발제하기로 마음먹은 계기 하나는 로저 핼럼이 '멸종 반란'에 공개서한을 보낸 일이었습니다. 멸종 반란의 창립자 중 한 명인 로저 핼럼은 '영국을 단열하라' 운동에서 중요한 구실을 해 온 사람입니다. 최근 [영국의 환경 단체] '저스트 스톱 오일' 운동에서도 중요한 구실을 하고 있죠. 이 운동들이 단호하고 저항적이라는 것은 분명합니다.

핼럼은 앞서 언급한 서한에서 다음과 같이 썼습니다.

상상조차 할 수 없는 일이 일어나고 있습니다. 세계는 다시는 예전 같지 않을 것입니다. 여러분은 두려움에 사로잡혀 있기에 실패하는 것입니다. 성공하려면 가족에게 도전하고 해고를 당하거나 사회적 지위를 잃을 위험을 무릅쓰고 체포될 때까지 저항하고, 이를 멈추지 않아야 합니다. 저항에 나서야 할 이유는 많지만 가장 중요한 것은 괴로운 죄책감과 수치심, 즉 저항할 수 있었지만 저항하지 않았다는 자각에서 오는 자기 모멸에서 스스로를 구원하는 것입니다.

저는 로저 핼럼과 많은 이견이 있습니다. 원하신다면 더 자세히 얘기해 볼 수 있을 것이고, 뒤에서 다루겠지만 핼럼은 매우 문제적인 주장도 합니다. 어쨌든 그의 어조는 매우 단호합니다. 잘 들어 보면 그의 말에는 어떤 종교적인 간증과 비슷한 느낌이 분명 있습니다. 어린 시절에 접하신 종교에 따라 다르게 느끼실 수 있지만 저는 곧장 "루가의 복음서"가 생각났습니다.

내가 세상에 평화를 주러 왔다고 생각하느냐? 아니다. … 오히려 분열을 일으키러 왔다. 이제부터는 … 아버지가 아들에게 아들이 아버지에게 어머니가 딸에게 딸이 어머니에게 시어머니가 며느리에게 며느리가 시어머니에게 맞서 갈라지게 될 것이다.

여러분도 핼럼의 말에서 이런 성경 구절의 메아리를 들을 수 있을 것입니다. 핼럼의 주장은 마치 종교 지도자의 말처럼 들리기도 합니다. 또 테러리즘에 깔려 있는 사상을 암묵적으로 되풀이하는 것이기도 합니다. 그 안에는 혁명적인 요소도 있습니다.

좀 더 체계적으로 정돈된 형태의 주장을 보고 싶다면 안드레아스 말름의 책을 읽어 보십시오. 그의 책은 읽을 가치가 충분히 있습니다. 예를 들어 《송유관을 폭파하는 방법》은 분명

읽어 볼 만한 책입니다. 자본주의를 신랄하게 비판하고 있죠. 그리고 말름은 자신이 보기로 무엇이 필요한지를 분명하게 밝힙니다. 말름은 다음과 같이 말합니다. "도대체 언제 우리는 지구를 갉아먹는 것들을 물리적으로 공격하고 우리 손으로 파괴하기 시작할 것인가?" 그리고 그는 의회를 통하는 방식이나 현재 상황에 환멸을 표하며, 직접행동이 필요하다고 주장합니다. 앞서 말한 것처럼 저는 의회에 기대를 걸자는 주장보다 이렇게 직접행동을 촉구하는 주장에 더 많이 공감합니다.

그러나 저는 두 방법 모두, 두 가지 이유에서 실패하게 된다고 봅니다. 첫째, 자본주의 국가입니다. 로저 핼럼이든 안드레아스 말름이든, 현존 체제를 통해 세상을 변화시킬 수 있다고 믿는 사람들은 모두 현존 국가에 더 많은 압력을 가함으로써 변화를 이룰 수 있다고 봅니다. 그들 모두가요.

한 온라인 토론회에서 로저 핼럼은 다음과 같이 말했습니다. "수많은 판사들이 우리에게 수긍합니다. 이 점을 아셔야 해요. 만약 8000명이나 되는 사람들이 연행되면 판사들은 이들을 모조리 교도소에 수감시킬 수는 없다고 여기고 정부에 기후변화 대책을 촉구하게 될 것입니다." 정말로 그런 일이 벌어질까요? 솔직히 저는 이 말을 듣고 충격을 받았습니다.

최근에는 전체 인구의 3.5퍼센트만 행동에 나서면 정부의 마음을 돌릴 수 있다는 얘기도 많습니다. 그렇게 생각하시는 분들께는 미안하지만, 그것은 참말이 아닙니다. [2000년대 초] 이라크 전쟁 때 일어난 일을 떠올려 보십시오. 영국 인구의 3.5 퍼센트, 즉 200만 명이 전쟁 반대 시위에 나섰습니다. 시위에는 나오지 못했지만 이 운동을 지지한 사람은 훨씬 더 많았습니다. 그러나 당시 토니 블레어 영국 정부는 우리 말을 전혀 듣지 않았어요. 정부는 민주주의를 무시했고 아무 책임도 지지 않았습니다.

이런 지배자들을 굽히게 만들 유일한 것은 그들에게 대항하는 힘입니다. 그리고 다른 종류의 사회를 만들려면 우리는 궁극적으로 현존 국가를 타도하고 다른 것으로 대체해야 합니다.

단지 의회를 통해 세계를 변화시킬 수 있다고 여기는 사람들만 [자본주의] 국가를 통한 변화를 추구하는 것은 아닙니다. 로저 핼럼도 그렇고, 안드레아스 말름도 결국 국가를 통해 변혁을 이룰 수 있다고 여깁니다. 충분한 압력을 가하면 국회의원들과 정부도 움직일 수밖에 없다는 것이죠.

물론 저도 의회에 압력을 가하자는 의견을 지지합니다. 저도 의회에 압력을 가해서 몇몇 변화를 이끌어 낼 수 있다고 생각합니다. 예컨대, 충분한 수준의 행동으로 압박한다면 무상 대중교통 같은 개혁을 얻어 낼 수 있습니다. 그러나 우리는 단지 작은 변화들이 아니라, 현 상황을 근본적으로 뒤바꿀 거대한 변화를 얘기하고 있습니다.

둘째 문제는 변화를 이끌어 낼 주체에 관한 것입니다. 어떻게 사람들을 변화를 이루는 행동에 나서게 할 수 있을까요? 체제 내 변화를 추구하는 사람들이든 소수의 직접행동만으로 변화를 이뤄 낼 수 있다고 생각하는 사람들이든 뭔가 놓치고 있는 것이 있습니다. 그들은 보통 사람들, 특히 노동계급 대중이 스스로 싸워서 변화를 쟁취할 수 있다는 사실을 놓치고 있습니다.

노동계급 구성원 개개인이 전부 사회주의 혁명의 필요성을 분명히 인식하고 있다는 말은 아닙니다. 현실은 전혀 그렇지 않죠. 하지만 우리의 진정한 힘이 어디에 있는지 생각해 봐야 합니다. 그 힘은 의회나 소수의 직접행동에 있지 않습니다. 우리의 가장 큰 힘은 노동계급 대중 전체가 자신의 이익을 위해 자신의 능력을 이용해 일손을 멈춰서 자본주의 체제의 이윤 생산에 타격을 줄 때 발휘됩니다. 그것이 우리가 가진 가장 큰 힘입니다.

우리는 인종차별, 성차별, 성소수자 차별 등으로 천대받고 있죠. 그러나 동시에 힘이 있습니다. 협업하는 노동계급으로서 갖는 힘이 있습니다. 얼마 전 [영국] 철도 노동자들이 파업을 벌였을 때 그 힘이 느껴지지 않던가요? 처음으로, 또 아주 오랜만에 지배계급의 일방적인 공세가 끝난 것처럼 느껴졌습니다. '우리 편이 돌아왔다!' 이것이 제가 받은 느낌이었습니다. 사실 그 파업은 40만 명이 참여한 수준의 작은 파업이었습니다. 그러나 저도 다른 분들처럼 열광했습니다. 이번 파업은 작은 규모였지만 400만 명이 파업에 나선다면 무슨 일이 벌어지겠습니까? 그때는 정말로 우리 편이 반격할 차례가 왔다는 느낌이 들 것입니다.

이런 투쟁이 중요합니다. 사람들이 파업에 나서면 누가 이 사회를 움직이는지가 순식간에 드러나기 때문입니다. 철도가 멈췄습니다. 경영자, 최고 재무 관리자, 마케팅 관리자 같은 사람들은 철도를 움직이지 못했습니다. 물론 철도를 움직이는 일이 엄청 똑똑한 사람들만 할 수 있는 일은 아닙니다. 그러나 어쨌든 철도는 멈췄죠.

이는 사회에서 일어나는 모든 일에 해당하는 얘기입니다. 청소 노동자들이 파업에 나서면 아무리 많은 최고경영자나 재무 관리자가 있어도 동네에 쓰레기가 쌓일 것입니다. 우리 편에게 실제로 힘이 있는 것이죠. 사실 이번 파업은 그 힘을 작은 규모로 보여 주는 사례일 뿐입니다. 우리는 같은 방식으로 물가 폭등이라는 사회적 비상사태를 해결하고자 합니다.

더 커다란 문제도 다르지 않습니다. 기후 위기에 대처할 거대한 변화를 이끌어 내려면, 전 세계 수많은 사람들이 저항에 나서야 합니다. 그런 변화는 정부가 위로부터 도입하는 것이 아니라 보통 사람들이 자신의 이익을 위해 스스로 행동에 나서서 쟁취해야 하는 것입니다. 그렇기 때문에 우리는 레닌의 정치를 살펴봐야 합니다.

레닌의 정치, 그 요점과 오늘날의 필요성

레닌의 정치가 발전한 배경을 보면 매우 흥미롭습니다. 레닌은 우리가 처한 것과 똑같은 조건, 즉 극심한 위기가 노동계급에 찾아온 시기에 자신의 정치를 발전시켰습니다.

레닌과 볼셰비키의 정치가 완전히 성숙한 시점은 제1차세계대전 때였습니다. 이 타이밍은 결코 우연이 아닙니다. 볼셰비키는 그보다 수십 년 전부터 활동했습니다. 그러나 그들은 제1차 세계대전 때 혁명을 이끌 수 있었습니다. 왜 그랬을까요? 그 당시에 전 세계적 위기가 닥쳤기 때문입니다. 그 위기는 당시까지 인류가 직면한 것 중 가장 큰 위협이었습니다. 수많은 보통 사람들이 서부 전선과 동부 전선의 '고기 분쇄기'에 휘말려 들어가 비참하게 죽어 나갔죠. 서로를 파괴하려는 여러 강대국에 의해 수많은 사람의 삶이 망가지고 있었습니다.

이 상황에 가장 필요한 정치는 무엇이었을까요? 레닌의 정치는 다음과 같은 문제에 매우 분명한 태도를 취했습니다.

① 자본주의 국가

하나는 바로 국가, 즉 앞서 이야기한 자본주의 국가에 대한 태도입니다. 자본주의 국가는 화석연료 산업을 보호하고, 전 세계 온실가스 배출량의 71퍼센트를 차지하는 기업들을 지원하고, 코로나바이러스 퇴치보다 이윤을 중시하고, 전쟁을 일으킵니다.

레닌은 우리가 자본주의 국가를 인수해서 운영할 수는 없다는 것을 매우 분명히 했습니다. 레닌의 《국가와 혁명》을 봅시다. 이 책을 처음 읽었을 때 제 뇌리에 박힌 문구가 있습니다.

국가는 화해할 수 없는 계급 적대의 산물이자 표현이다. 국가는 한 계급이 다른 계급과 화해할 수 없을 때 생겨난다. 국가는 지배계급의 도구다.

본질적으로 국가는 "무장 집단, 감옥, 군대, 경찰 같은 조직들에 기반해 지배계급의 이익을 실현하는 도구"입니다. 이것이 국가의 본질입니다. 물론 다른 많은 것이 국가의 존재 이유로 제시됩니다만, 지금 제가 하는 얘기는 국민보건서비스NHS 같은 것들을 없애자는 것이 아닙니다. 선출되지 않는 경찰, 판사, 정보기관 관료 같은 사람들이 국가기구의 핵심입니다. 그것이 바로 보통 사람들을 계속해서 괴롭히는 국가의 근본입니다.

'선거에서 이기면 되는 거 아니야?' 하고 반문하는 분도 있을 것입니다. 그러나 그리스의 시리자가 보여 주지 않았습니까? 당시 지배자들은 다음과 같이 생각했을 것입니다. '그래 너희가 선거에서 이길 수도 있지. 그러나 우리는 선거에서 이기든 지든 신경 쓰지 않아. 우리는 계속해서 긴축정책을 펼 거야.' 그리고 실제로 그들은 그렇게 했죠.

[2019년까지 노동당 대표였던 당내 좌파의 지도자] 제러미 코빈을 보십시오! 안보 기관들은 코빈이 국가 안보에 위협이 된다

는 글을 34건이나 발표했습니다. 다른 글은 다 빼고, 군 장성이나 정보기관 관료 같은 자들이 있는 기관에서 나온 글만 셌는데도 말입니다. 이는 경고였습니다. 코빈 스스로 "이것은 나에 대한 경고"라고 했습니다. 코빈은 정부에 들어가지도 못했지만 지배자들은 코빈의 집권을 자신들에 대한 반란으로 여겼던 것입니다.

이처럼 레닌은 국가의 성격을 제대로 이해하는 것에서 출발했습니다.

② 차별과 억압에 맞선 투쟁

둘째, 레닌주의는 차별과 억압 문제에도 분명한 태도를 취했습니다. 우리는 노동조합 투쟁뿐 아니라 인종차별이나 여성 차별 같은 문제들도 매우 중요하게 여겨야 합니다. 우리의 이상理想이 노동조합 간부여서는 안 됩니다. 제 친한 친구 몇 명은 노동조합 간부인데요, 레닌이 노동조합 간부가 되는 것이 나쁘다고 말한 적은 없습니다. 그러나 레닌은 다음과 같이 말했죠.

[사회주의자의 이상은] 노동조합 위원장이 아니라 민중의 호민관이어야 한다. 그는 폭정과 차별이 어디서 나타나든, 어떤 계층

이나 계급의 사람들이 폭정과 차별에 시달리든 간에 그것에 맞서 싸울 수 있어야 한다.

차별에 맞서 싸우는 것은 중요합니다. 우리가 지금처럼 노동조합 투쟁으로 고무돼 있을 때조차, 우리는 차별에 맞선 투쟁을 지속해야 하고, 인종차별이나 트랜스젠더 차별에 맞서는 투쟁, 임신 중지권을 위한 투쟁 등을 노동조합 투쟁과 연결시켜야 합니다. '파업이 벌어지고 있으니 이런 것들은 잊어도 괜찮아' 하고 여겨서는 안 됩니다. 결코 안 돼요.

차별에 맞선 투쟁은 일터에서의 투쟁을 위해서도 절대적으로 중요합니다. 인종차별이나 성차별로 분열된 일터에서는 노동계급이 강력한 저항을 결코 벌일 수 없기 때문입니다. 우리는 다른 투쟁의 한가운데에서도 각종 차별에 맞서 싸워야 합니다. 이는 매우 중요한 일입니다.

한편, 우리는 국제주의 조직이 필요합니다. '영국의 일자리는 영국인에게', '영국 우선' 같은 구호는 우리의 구호가 아닙니다. 우리의 형제자매와 우리의 투쟁은 수단의 수도 하르툼의 거리, 남수단의 거리, 스리랑카의 거리, 에콰도르의 거리에 있습니다. 총리실에 있는 패거리나 기업주들의 연합이 아니라 그 거리에서 투쟁하고 있는 사람들이야말로 우리의 형제자매입니다.

우리는 지구상의 같은 영토에서 태어나 살고 있다는 이유로 지배자들과 한 배를 타고 있다는 말을 듣습니다. 그러나 우리는 그들과 아무런 공통점이 없습니다. 그들은 우리와 완전히 다른 별세계에 살고 있습니다. 우리의 형제자매는 전 세계에서 투쟁하고 있는 사람들입니다.

레닌주의의 핵심 요소 하나는 투쟁하는 다른 사람들과 공동전선united front을 구축한다는 것입니다. 사람들은 종종 '아, 공동전선? 그거 쉽지' 하고 생각합니다. 그러나 1917년 8월 말 러시아의 혁명적 시기에 코르닐로프, 즉 어떤 면에서 최초의 악랄한 파시스트라고도 할 수 있는 자가 임시정부에 맞서 쿠데타를 일으켰을 때, 공동전선은 그 쿠데타에 맞선 투쟁에서 핵심이었습니다. 그 전에 레닌은 임시정부가 자유주의 정부이며 대중의 기대를 저버릴 것이라고 신랄하게 비판했습니다. 그럼에도 볼셰비키는 총을 들고 그 자유주의 정부와 함께 극우 코르닐로프에 맞섰습니다. 그리고 혁명 과정을 지속했습니다. 이런 경험에서 배워야 합니다. 이는 혁명적 전통의 일부입니다. 우리는 필요시 다른 사람들과 함께 행동해야 합니다. 그리고 그 안에서 혁명적 주장을 제시해야 합니다.

③ 혁명적 당

마지막으로, 레닌주의의 또 다른 핵심 요소인 혁명적 당에 관해 살펴보겠습니다. 레닌이 제시한 혁명적 당 개념은 새롭고 독특한 것이었습니다.

레닌 이전에 사회주의 운동의 모습은 어땠을까요? 그 운동은 임금과 노동조건을 담당하는 노동조합과 선거에 출마해서 의회 정치를 담당하는 사회주의 정당들로 이뤄져 있었습니다. 그 운동 안에는 전쟁터에 끌려가는 것을 그저 개별적으로 거부하자고 주장하는 평화주의 세력이나 체제 내에서의 동등한 권리를 요구하는 페미니즘 운동 등이 있었습니다.

그러나 제1차세계대전은 이 모든 것을 산산조각 냈습니다. 노동조합은 대부분 전쟁을 지지하고 나섰습니다. 노동조합 지도자들은 제국주의 전쟁을 지지했어요. 전쟁이 일어나면 총파업을 호소하겠다고 약속한 사회주의 정당들도 막상 전쟁이 터지자 거의 다 태도를 바꿔 자국 지배계급을 지지했습니다. 영국 노동당은 영국군을 지지하고 독일 사회민주당은 독일군을 지지했습니다.

평화주의 운동은 순식간에 밀려오는 군국주의 파도 앞에 완전히 속수무책이었습니다. 페미니즘 운동도 분열했습니다. 어떤 사람들은 실비아 팽크허스트처럼 혁명적 사회주의자가 돼, 전쟁에 맞서는 노동자 혁명을 주장했습니다. 그러나 팽크허스트 가문의 다른 구성원들은 남성들에게 흰색 깃털[겁쟁이를 뜻함]을 나눠 주면서 그들더러 전선에 나가라고 촉구했습니다. 순식간에 운동들이 붕괴했습니다.

반면, 레닌은 모든 투쟁을 하나로 묶는 것을 기반으로 하는 새로운 조직을 주장했습니다. 투쟁을 각각 분리시키는 것이 아니라 이 모든 투쟁들, 곧 전쟁 반대 투쟁, 일터에서의 투쟁, 의회에서의 투쟁, 여성의 권리를 위한 투쟁 등을 서로 연결하는 조직이었습니다. 이 모든 투쟁은 그 투쟁이 일어난 원인인 자본주의 자체에 맞서 서로 연결돼야 했습니다. 그래서 레닌은 혁명의 필요성과 그 투쟁들을 하나로 묶는 정당의 필요성을 주장한 것입니다.

저는 레닌이 옳았다고 생각합니다. 왜냐하면 그의 정치가 1917년 러시아혁명의 성공을 이끌어 냈기 때문입니다. 하지만 그 전에 분명히 할 것이 있습니다. 저는 러시아혁명이 지나고 등장한 사회, 즉 스탈린 등이 통치한 사회를 모종의 사회주의 사회라고는 전혀 생각하지 않습니다. 스탈린 등의 통치는 러시아혁명을 실제로 이끈 사람들의 시체 위에서 일어난 반혁명이었습니다. 그것은 혁명의 성과를 모두 무로 돌려놓았습니다.

그럼에도 혁명 이후 짧은 기간에 러시아의 보통 사람들은 역사상 전례가 없던 방식으로 사회를 운영할 가능성을 보여 줬습니다. 대중이 일터를 통제했고, 그 전까지 존재하지 않던 여성의 평등권, 동성애자 권리, 민족 자결권이 성취됐습니다. 보통 사람들의 잠재력은 혁명을 포위한 강대국들의 개입, 추위와 굶주림 등으로 극심하게 어려운 상황에서도 결코 완전히 꺼지지 않았습니다. 이는 노동계급에 뿌리를 내린 볼셰비키의 지도에 기초한 것이었습니다. 그리고 볼셰비키의 정책은 지금까지 말한 레닌의 정치에 바탕을 두고 있었습니다.

제가 말하려는 바는 간단합니다. 지금은 아주 긴급한 상황이기에 레닌의 정당 같은 정당이 다시 필요하다는 것입니다. 즉, 지금의 위기를 헤쳐 나가려면 의회에서의 투쟁, 노동조합 투쟁, 기후변화를 둘러싼 투쟁, 인종차별에 맞서는 투쟁 등을 벌이는 것에 그쳐서는 안 됩니다. 그 투쟁들을 연결시켜야 할 필요성을 이해하는 사람들의 정당이 필요합니다.

물론 그 모든 투쟁은 필요합니다. 제가 속한 사회주의노동자당SWP도 그 모든 투쟁에 동참합니다. 제 주장은 각 투쟁들의 중요성을 간과하자는 게 아닙니다. 그러나 우리는 상황의 전체성을 인식해야 합니다. 바로 자본주의라는 문제에서 비롯한 이 모든 증상이 서로 얽혀 있는 상황 말입니다.

우리는 개혁주의 정당의 방식, 즉 선거와 의회 진출로는 필요한 변화를 성취하지 못할 것이라고 주장합니다. 우리는 그런 정당들의 실패를 거듭 봐 왔습니다. 한편, 직접행동에 나서는 소수가 아무리 대담하고 도전적이며, 경찰과 정부 당국에 대해 우리가 매우 공감할 만한 적개심을 느낀다고 해도, 소수의 직접행동만으로는 필요한 변화를 성취할 수 없을 것입니다.

우리가 원하는 변화는 전 세계 수많은 사람들이 위로부터 해방이 선사되기를 기다리는 것이 아니라 그들 스스로 해방을 쟁취하기 위해 행동에 나설 때 성취할 수 있는 변화입니다.

제1차세계대전 때 볼셰비키가 발휘한 것과 같은 대담함이 필요합니다. 절멸의 위기가 임박했다면 우리에게는 혁명이 필요합니다. 그 혁명을 성공시키려면 상당 규모의 혁명적 조직을 미리 갖춰 놓아야 합니다.

볼셰비키의 특별한 점은 역사상 가장 효과적인 반전운동을 이끌었다는 것입니다. 제1차세계대전을 끝낸 것은 평화협정이 아니었습니다. 러시아혁명과 그 혁명이 촉발한 독일혁명이 제1차세계대전을 끝냈습니다. 그 혁명들은 역사상 가장 효과적인 반전운동이었습니다.

기후변화, 전쟁, 재발하는 팬데믹, 인종차별, 성소수자 혐오, 이 풍요로운 세계에서 제대로 먹지 못해 매일 수만 명이 허무하게 죽는 현실, 핵전쟁의 위험에 맞서 싸우려면, 우리에게는 더 규모 있는 혁명적 조직이 필요합니다.

지금 바로 저항해야 할 필요성을 이해하는 사람들이 모두 기업주와 국가에 맞서 효과적으로 싸우려면 하나의 조직을 이뤄야 합니다. 저들이 조직돼 있기 때문에 우리도 조직돼야 합니다. 또 우리는 행동의 필요성을 주장할 뿐 아니라 혁명적 조직을 건설해야 합니다.

출처: Charlie Kimber, "Time's running out: Leninism in a time of crisis", SWP TV(2022-07-19).
찰리 킴버는 영국의 혁명적 신문 〈소셜리스트 워커〉의 편집자이자 사회주의노동자당(SWP) 중앙위원이다. 국내에 번역된 책으로는 《자본주의 위기의 시대 왜 혁명인가》(2015, 공저), 《마르크스주의에서 본 영국 노동당의 역사: 창당부터 코빈의 부상과 좌절까지》(2020, 공저) 등이 있다.

찾아보기

기후 위기, 체제를 바꾸자
보통 사람들을 위한 기후 운동 가이드

지은이 장호종

펴낸이 김태훈 | 편집 차승일 | 표지 · 일러스트 디자인 나유정
펴낸곳 도서출판 책갈피 | 등록 1992년 2월 14일(제2014-000019호)
주소 서울 성동구 무학봉15길 12 2층
전화 02) 2265-6354 | 팩스 02) 2265-6395
이메일 bookmarx@naver.com | 홈페이지 chaekgalpi.com
페이스북 facebook.com/chaekgalpi | 인스타그램 instagram.com/chaekgalpi_books

첫 번째 찍은 날 2023년 8월 18일

값 20,000원

ISBN 978-89-7966-247-4 03300

잘못된 책은 바꿔 드립니다.